어린이를 위한
끈기

나 자신을 이기는 힘

어린이를 위한
끈기

글 김경민 그림 추덕영

위즈덤하우스

추천의 글 ★

마음속에서 "귀차니즘" 못된 괴물을 몰아내세요!

여러분들은 어떤 일을 "아, 귀찮아!" 하면서 포기해 버린 때가 있나요? 처음에는 재미있을 것 같아 시작했지만 갈수록 어려워지고 힘들어서 도중하차해 본 적 말이에요. 그것이 악기 배우기거나 그림 그리기거나 학교 공부거나 말이지요. 누구나 한번쯤은 어떤 일이 힘들어서 도중하차해 본 적이 있을 거예요.

도서관에서 어떤 책을 보고 그 책이 무척 재미있을 것 같아 꺼내서 읽었다고 상상해 보아요. 처음에는 재미있어 보였지만, 읽다 보니까 내용이 어렵고 그림은 없이 길어서 지루해질 수 있겠죠? 그래서 중간에 책을 덮어 버리고 싶은 마음이 생겼다고, "그렇지 뭐, 내가 뭐 잘하는 게 있나?" 하는 생각은 하지 마세요. 이런 생각은 자기를 속상하게 하는 생각이랍니다.

문제는 '책을 끝까지 못 읽는' 나 자신이 아니라 도중에 포기하려고 시키는 못된 괴물이 마음속에 있는 것이에요. 못된 괴물은 마음속에서 멀리 쫓아낼 수 있답니다. 그러고 나면 나에게 책이 무척 재미있을 것 같다는 마음만 남게 되어 다시 그 책을 읽을 수 있을 거예요.

　이 책의 주인공 나태한이 마음속에 있는 "귀차니즘" 못된 괴물을 쫓아내는 과정을 눈여겨보세요. 나태한에게는 끈기가 필요한 사람이라면 꼭 갖추어야 할 '사랑의 마음'이 있답니다. 바로 자신이 이루고자 하는 목표를 사랑하는 마음 말이에요. 마찬가지로 여러분들에게도 목표를 사랑하고 소중하게 여기는 마음이 필요해요.

　그런 마음이 있다면 "귀차니즘" 못된 괴물 따위가 감히 나의 목표를 방해할 수 있겠어요? 목표를 사랑하는 여러분들은 천하무적이 되어 세상에 못할 일이 하나도 없답니다.

　정말 칭찬받을 만한 재능은 아무리 힘들어도 포기하지 않고 끝까지 해낼 수 있는 마음가짐이랍니다. 아무리 흥미로운 일을 시작했다 해도 그 일이 마무리되지 않는다면, 처음부터 아무런 일도 하지 않은 것이나 마찬가지가 되니까요.

　자, 나의 일을 사랑하는 나를 위해,
　도중에 포기 하지 않는 나를 위해, 파이팅!

열정이 솟아나는 여름의 문턱에서
김민화 (아동심리학자, 한북대 영유아보육학과 교수)

미리 만나보기

끈기를 키워 나갈 우리의 주인공과 가족, 친구들.
책장을 넘기기 전에 등장 인물들을 미리 만나보세요.

나태한 엄마
정도 많고 잔소리도 많다.
나태한이 끈기를 배워 가는 과정을
보며 걱정 반 기대 반인 심정이다.

정만수원장
정만수 동물 병원 원장.
나태한의 '끈기 키우기'를
적극적으로 도와준다.

나태한 아빠
클리어 세탁소 주인.
모든 일을 대충대충 처리하는
나태한 때문에 걱정이 많다.

나태한
초등학교 오 학년.
성품이 게을러서 사람들에게
핀잔을 많이 받는다.
강아지를 좋아해서
'끈기 키우기'에
도전하게 된다.

붕어빵
품종은 일명 '똥개'이지만
영리한 면도 있는 것
같다(?).
주인인 나태한의 게으름을 그대로 빼닮았다.

성실애
나태한과 한 반 친구.
성품이 차분하고 몸가짐이 차분한 아이.

성의택
성실애의 쌍둥이 남매, 나태한의 짝.
엄마의 눈을 피해 친구들과 오락하기가 취미.

경솔해
나태한과 한 반 친구.
머리가 영리하고
야무진 성품이다.
나태한과는 만나면
으르렁대는 앙숙!

차례

추천의 글 4
미리 만나보기 6

1. 날 못 믿는다고? 12

2. 내가 너무 성급했나? 23

3. 제멋대로 나태한 35

4. 게을러도 좋아 52

5. 기다림은 싫어 68

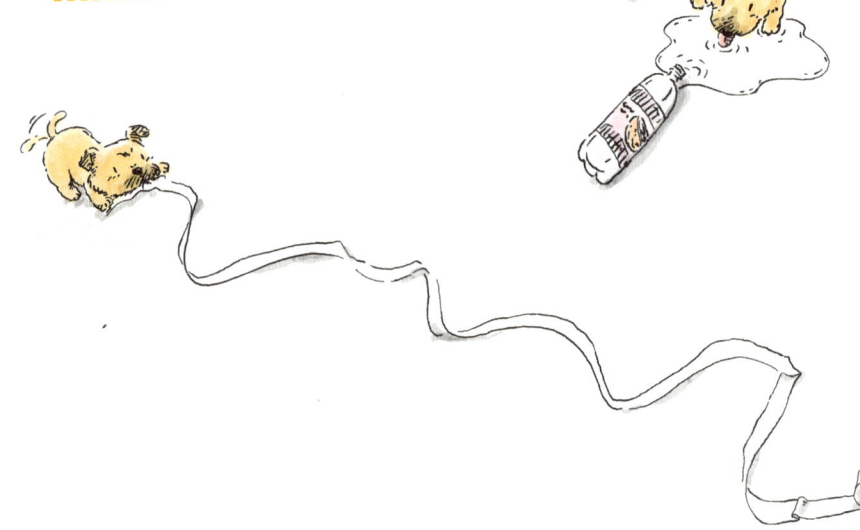

6. 인내는 쓰다! 79

7. 포기하지 마! 92

8. 귀찮은 건 딱 질색이야 107

9. 산 넘어 산 123

10. 넌 할 수 있어! 140

11. 정상으로 오르는 길 152

12. 가장 소중한 비밀 168

작가의 글 182

내가 생각하는 끈기란?
나 자신을 이기는 힘

끈기는 무슨 일이든지 쉽게 단념하지 않는 마음입니다.

끈기가 있으려면 마음 약한 '나'를 이겨 내는 것이 필요합니다.

나의 목표를 끝까지 완수하는 것이 바로 끈기라고 생각합니다.

처음에는 좀 귀찮은 일이더라도 매일매일 반복하여 습관으로 만드는 것.

하루하루를 성실히 살게 하는 마음가짐입니다.

어린이를 위한
끈기

끈기는 내가 할 수 없다고 생각했던 일을 할 수 있게 만드는 힘.

나하고 한 약속을 끝까지 지켜 나가는 것이 끈기 아닐까요?

끈기는 노력의 다른 이름입니다.

성공으로 가는 가장 가까운 길!

나 자신을 이기는 힘
끈기

1. 날 못 믿는다고?

"안 돼. 네가 끈기 있게 제대로 해본 일이 있기나 해?"
'뭐야, 왜 나를 믿어 주지 않는 거야.'

"몰라몰라, 왜 내 맘을 몰라줘!"

나태한은 강아지를 빼앗기지 않으려 안간힘을 썼다.

"이리 줘. 어서! 네가 못 키운다고, 글쎄!"

엄마는 화가 났는지 콧구멍을 벌름거리며 씩씩거렸다.

"싫어! 싫어! 왜 못 키운다고 그래? 할 수 있단 말이야."

"아니, 이 녀석이 버릇없이!"

아빠도 잔뜩 목청을 돋우더니 회초리를 들고 나타났다. 나태한

은 회초리를 폴짝폴짝 뛰어넘으면서 소리쳤다.

"아빠, 정말 잘 키울 수 있단 말이야."

"시끄러, 말도 꺼내지 마. 너같이 게으른 녀석한테 어떻게 강아지를 맡겨! 네가 지금까지 끝까지 제대로 한 게 뭐가 있어? 강아지는 장난감이 아니야, 생명이라구. 네가 키우다 싫증 난다고 버리면 강아지는 어떻게 되겠어, 응?"

"아니야, 안 그럴 거야. 잘 키울 수 있다는데 왜 그래?"

나태한이 계속 떼를 써 봤지만 통하지 않았다.

"안 돼. 널 믿을 수가 없어. 네가 끈기 있게 제대로 해본 일이 있기나 해? 늘 뭐가 그렇게 귀찮고 싫은 게 많아. 너, 방 청소 네 손으로 해본 적 있어?"

"아니……."

"수학 문제집 한 권 다 풀어 본 적은 있냐?"

"아…니."

"네가 가고 싶다고 해서 보내 준 영어 학원은 제대로 나갔냐고!"

"……."

"내가 그런 녀석을 어떻게 믿어!"

아빠가 휘두른 회초리에 나태한의 종아리가 정통으로 맞았다.

"아, 아파! 그만, 그만해!"

나태한은 얼른 강아지를 내려놓았다.

"몰라, 엄마 아빠 미워!"

그러고는 침대에 엎드려 소리 내어 울었다.

한바탕 소동으로 나태한의 가족은 힘이 쭉 빠졌다.

"사람 참 애한테 괜한 말을 해가지고."

아빠는 동물 병원 원장이 강아지를 데리고 돌아가자 투덜거렸다. 정만수 원장이 "오호, 태한이가 제법 잘 돌봐 주고 있었구나! 네가 계속 키울래?"라고 농담 삼아 던진 한 마디 때문에 이런 소동이 일어났기 때문이다.

정만수 동물 병원은 나태한 아빠가 하는 클리어 세탁소와 바로 이웃하고 있었다. 두 사람 모두 동네 친목계의 회원인 데다 바로

옆집에 살고 있어서 제법 친분이 두터웠다. 정만수 원장이 선뜻 나태한네 집에 갓 태어난 강아지를 맡긴 것도 나태한 가족을 그만큼 편하게 생각한다는 뜻이었다.

나태한은 한밤중에 거실로 나와 강아지가 자던 자리를 쳐다보았다. 거실 한구석이 텅 빈 것 같이 허전했다.

'뭐야, 왜 나를 믿어 주지 않는 거야. 나도 잘하는 게 얼마나 많은데.'

나태한은 심통이 나서 엄마 아빠랑 한 마디도 않기로 단단히 결심했다.

다음 날 학교에서는 방송국에서 열리는 퀴즈 대회 때문에 시끌시끌 소동이 벌어졌다. 나태한이 다니는 우람 초등학교가 '도전, 퀴즈 만만세!'에 나가게 된 것이다. 이번 퀴즈 대회의 우승자에게는 장학금과 함께 컴퓨터까지 준다고 했다. 교실마다 퀴즈 대회 예선전을 하느라 난리 법석이었다.

'아, 맞다. 퀴즈 대회! 아, 귀찮게 공부는 무슨 공부. 그냥 기본 실력으로 하는 거지!'

나태한은 학교에서 일주일 전에 나눠 준 예상 문제지를 꺼내 보았다.

나태한네 반에서도 대표를 뽑는 예선전이 시작되었다.

선생님은 먼저 정답을 외치는 사람에게 기회를 주었다.

'오호!'

처음에는 나태한이 알고 있는 문제가 많이 나왔다.

'뭐야. 공부도 안 했는데 이 정도면 문제 없스! 퀴즈 대회 내가 접수했스!'

그러나 시간이 갈수록 경솔해를 따라잡지 못했다. 경솔해가 대답할 때마다 하나로 묶은 생머리가 야무지게 찰랑거렸다. 대답하는 목소리 또한 야무졌다. 나태한은 경솔해가 대답할 때마다 주문을 외웠다.

'경솔해, 틀려라, 틀려라!'

그렇지만 그 주문은 한번도 제대로 걸리지 않았다. 그나마 다행인 것은 나태한이 모르는 문제를, 앞에 앉은 성실애가 종이에 답을 써서 알려 주는 것이었다. 나태한은 신이 나서 성실애가 쓴 답을 보고 소리쳤다. 그러고는 문제를 맞힐 때마다 성실애를 보고 환하게 웃어 보였다. 성실애도 뿌듯해 하며 활짝 웃었다.

성실애는 웃을 때마다 보조개가 들어가서 더 예뻐 보였다. 게다가 단정하게 정리된 곱슬머리는 정말 귀여웠다.

"정다압!"

나태한은 정답을 외칠 때마다 숨이 차서 헐떡거렸다. 거기다가 움직일 때마다 볼록 나온 배 때문에 책상이 요란스럽게 들썩거렸다. 성실애 옆에 앉은 경솔해가 한껏 인상을 쓰며 쏘아붙였다.

"야, 나태한! 자꾸 짜증나게 할래?"

나태한은 경솔해에게 한바탕 더 쏘아 주고 싶었지만 귀찮은 마음에 그냥 참기로 했다.

결국 나태한은 성실애의 도움으로 경솔해와 함께 반 대표로 뽑혔다.

"자, 그럼 모두 강당으로! 이번에는 학교 대표를 뽑을 거야. 내친김에 우리 반에서 퀴즈 대회 우승도 나왔으면 좋겠다!"

선생님의 말이 떨어지기 무섭게 아이들이 박수를 치고 환호성을 지르며 자리에서 일어났다.

'헤헤헤, 실애야, 고마워.'

나태한은 인사를 담은 눈짓을 성실애에게 보냈다.

"좋아 죽네. 좋아 죽어!"

그때 경솔해의 비아냥거리는 말투가 나태한 귀에 꽂혔다. 나태한은 금세 얼굴이 빨개졌다.

"너, 지금 누구한테 한 말이야!"

나태한이 성난 황소처럼 콧김을 내뿜으며 씩씩거렸다.

"어머, 찔리는 데라도 있나? 발끈하니까 더 이상하네."

때마침 성실애와 쌍둥이 남매인 성의택이 나태한의 옷깃을 잡아당겼다.

"야, 대꾸할 필요도 없어. 얼른 강당으로 가자!"

그러자 성실애도 경솔해의 소매를 끌면서 말했다.

"솔해야, 선생님이 우리를 보고 계시는 거 같아. 우리도 얼른 강당으로 가자."

경솔해는 새침한 표정으로 휑하니 나가 버렸다. 나태한은 앞서 가는 경솔해의 뒤통수를 뚫어져라 노려보았다. 머릿속에선 이미 고양이로 변신해 경솔해의 얼굴을 확 긁어 놓고 있었다. 야옹!

오 학년과 육 학년 대표들이 둥그렇게 모였다. 나태한은 강당을 꽉 메운 학생들을 보자 가슴이 콩콩 뛰었다. 스피드 퀴즈 문제를 내어서 맞힌 두 팀을 먼저 뽑기로 했다.

제비뽑기로 순서를 정했는데, 하필 나태한과 경솔해가 맨 먼저 하게 되었다. 경솔해가 도도한 얼굴로 말했다.

"내가 설명할게. 넌 긴장하면 더듬잖아."

나태한은 짜증이 확 밀려 왔으나 대꾸할 틈이 없었다. 선생님이 곧바로 "시작!"을 외치면서 초시계를 눌렀기 때문이다. 초침 소리가 째깍째깍 나태한 귓전에 들려왔다.

"보통 너처럼 게으른 사람을 이 곤충에 비유하지. 개미와 띵띵띵. 이 곤충은?"

"베짱이?"

"맞아, 너처럼 수학을 포기한 사람을 우리가 장난삼아 뭐라고 부르지? 빨간 팬티 입고 하늘을 나는 사람 있잖아."

"혹시, 수포맨……, 슈퍼맨?"

"좋아. 너랑 가장 닮은 동물, 뚱뚱한 사람을 이것 같다고 하잖아."

"돼지?"

"좋아, 다음…… 휴."

경솔해는 과학자의 이름을 묻는 문제가 나오자 한숨부터 쉬었다.

"상대성 이론을 세운 물리학자는?"

"응? 몰라, 통과!"

"아니, 왜 있잖아. 똑똑해지는 우유 이름!"

"아인슈타인!"

"좋아. 다음은……."

나태한과 경솔해 팀은 스무 문제를 맞혔다. 나태한은 문제는 많이 맞혔지만 기분이 상했다.

스무 문제를 맞힌 팀은 나태한네를 빼면 육 학년에 딱 한 팀밖에 없어서 곧바로 두 팀이 학교 대표 선발에 들어갔다. 오 학년과 육 학년의 자존심 대결이었다.

"세계에서 가장 긴 강은?"

경솔해가 재빨리 소리쳤다.

"나일 강!"

"다음 문제! 말다툼을 북한에서 쓰는 말로 바꾸면?"

이번에는 육 학년 팀이 소리쳤다.

"입다툼!"

"맞았어. 자, 굼벵이는 어떤 곤충의……"

경솔해는 선생님이 문제를 다 내기도 전에 재빠르게 소리쳤다.

"매미!"

"오호, 정답! 그럼 이번에는 심청전에서 심청이가 빠진 곳은?"

육 학년 팀이 얼굴을 잔뜩 찡그린 채 더듬거렸다.

"인……. 아, 인 무슨 순데…….""

경솔해가 재빠르게 답을 외쳤다.

"인당수!"

"오, 정답. 이런 오 학년이 육 학년을 이겼네. 오 학년 삼 반 경솔해와 나태한이 우리 학교 대표로 뽑혔다! 점심 먹고 본선이 열리는 방송국으로 출발할 거니까, 응원 갈 사람은 한 시간 뒤에 운동장으로 모여!"

나 자신을 이기는 힘
끈기

2. 내가 너무 성급했나?

'앗싸, 아는 문제 나왔다. 마지막 문제는 내가 맞히는 거야.'
순간 나태한은 문제를 맞히고 환호 받는 자신의 모습을 떠올렸다.

선생님과 응원할 아이들은 학교에서 빌린 관광 버스를 타고 방송국으로 향했다.

나태한은 숨을 헐떡이며 버스에 오르자마자 눈을 감았다. 식곤증 때문에 자꾸만 눈이 감겼다. 경솔해가 나태한에게 슬그머니 다가왔다.

"자, 나태한, 맞혀 봐. 룩셈부르크의 수도는?"

"응?"

나태한은 화들짝 놀라 눈을 떴다가 슬그머니 다시 감았다.

"야, 나태한!"

경솔해가 빽, 하고 소리를 지르자 아이들 시선이 모두 나태한과 경솔해 쪽으로 쏠렸다.

"야, 다시 물어볼게. 룩셈부르크의 수도는?"

"몰라. 귀찮게 왜 그래. 졸려 죽겠어. 잠을 푹 자 둬야 기억력도 좋아지는 거라구."

나태한은 다시 고개를 푹 숙이고 눈을 감았다. 그러자 경솔해는 예상 문제지를 돌돌 말아서 나태한의 통통한 어깨를 탁탁 치면서 말했다.

"똑같이 룩셈부르크야. 야, 우린 한 팀이야. 누군 뭐 네가 예뻐서 이러는 줄 알아?"

"에잇, 귀찮아 죽겠어. 난 좀 자야겠다고!"

나태한은 곰지락대며 몸을 돌리더니 아예 코까지 골며 자기 시작했다. 경솔해는 예상 문제지를 손에 쥐고 나태한을 한껏 노려보았다.

드디어 방송국에 도착했다. 나태한과 경솔해는 방송국 담당자가 이끄는 대로 향했다. 방송 대기실에 도착하니 이미 여러 학교 아이들이 왁자지껄 떠들고 있었다.

어린이를 위한 **끈기**

당돌해 보이던 경솔해는 잔뜩 긴장한 얼굴이 되었다. 경솔해가 나태한에게 예상 문제지를 들고 쫓아와서는 물었다.

"야, 나태한. 맞혀 봐. 우리가 흔히 성가시고 귀찮은 일이 생겼을 때 '골치 아프다'고 하잖아. 여기서 '골치'는 우리 몸의 어디를 가리키는 걸까?"

"골치? 몰라."

"야, 넌 어떻게 생각도 안 해보고 모른다고 하니? 두뇌야, 두뇌. 외워 두란 말이야."

"정말 싫은 일이나 무서운 일을 당하면 '치가 떨린다'고 하잖아. 여기서 '치'는 우리 몸 어디를 가리키는 걸까?"

"치? 그딴 문제 안 나와."

"너 또 모르지? 참나, 어떻게 아무것도 모르는 애가 대표가 됐는지 한심하다 한심해. 아무튼 외워 둬. 이야. 요 이빨 말이야."

경솔해가 제 이를 가리키며 말했다. 그러나 나태한은 경솔해 말을 듣는 둥 마는 둥 고개만 끄덕였다.

"그리고 이번에는 소의 새끼는 송아지, 말의 새끼는 망아지, 닭의 새끼는 병아리, 그럼……."

경솔해가 채 문제를 내기도 전에 방송 담당자가 들어와 모두

촬영할 스튜디오로 나오라고 외쳤다. 나태한은 가슴이 콩닥콩닥 뛰었다. 경솔해는 나태한 뒤에 바싹 붙어서 계속 물어보았다.

"야, 그럼 꿩의 새끼는 뭐라고 하게?"

"까투리!"

나태한은 경솔해에게 의기양양하게 대답하면서 스튜디오로 들어섰다.

'정말 귀찮게 구네. 누가 그딴 것도 모를까 봐?'

순간 나태한은 갑자기 천장의 조명 기기에서 쏟아지는 눈부신 조명 때문에 가슴이 심하게 쿵쾅거렸다. 거기다가 아이들 환호성까지 나태한을 흥분시켰다. 옆에서 쫑알대는 경솔해의 말이 잘 들리지 않았다.

"야, 꺼병이야. 까투리가 아니야."

'뭐라고? 나보고 꺼벙하다는 거야? 괘씸한 계집애. 몰라, 다 귀찮아. 날 보고 뭐라고 부르든 무슨 상관이야.'

드디어 첫 번째 라운드가 시작되었다. 오엑스 문제로 비교적 걸린 점수가 낮았지만 나태한은 첫 번째 차례였기 때문에 무척 긴장했다. 드디어 사회자가 문제를 냈다.

"오징어로 유명한 울릉도는 강원도에 속해 있다. 맞으면 오, 틀리면 엑스를 외쳐 주세요!"

"정답은 오입니다!"

그러자 삑, 하는 소리가 났다. 나태한은 심장이 쿵하고 떨어질 뻔했다.

"아니죠. 울릉도는 경상 북도에 속해 있죠."

첫 문제부터 틀리자 나태한은 얼굴이 화끈거리고 부저 위에 올려놓은 손이 저절로 떨렸다.

다음은 바로 옆에 있는 경솔해 차례였다. 경솔해는 침착한 얼굴로 문제를 들었다.

"낙타의 혹 속에 들어 있는 성분은 지방이다. 맞으면 오, 틀리면 엑스를 외쳐 주세요!"

"정답은 오입니다!"

순간 딩동댕동, 하는 경쾌한 소리가 났다.

"정답입니다. 우람 초등학교 십 점 획득했습니다."

경솔해는 문제를 척척 맞혀 나가 거뜬하게 무영 초등학교를 물리치고 영찬 초등학교와 마동 초등학교 아이들까지 이겼다.

어느새 퀴즈 대회는 마지막 라운드를 남겨 놓고 있었다. 경솔해의 활약으로 우람 초등학교가 무영 초등학교를 사십 점이나 앞섰다. 그러나 마지막 라운드에서 오십 점이 걸려 있기 때문에 아주 중요했다. 이 한 문제로 오늘 '도전, 퀴즈 만만세!'의 우승자가 가려지는 순간이었다.

"마지막 문제 나갑니다. 우리는 흔히 소의 새끼를 송아지, 말의 새끼를 망아지라고 부르죠. 그러면 꿩의 새끼는 무엇이라고 할까요? 참고로……."

사회자가 말을 마치기도 전에 나태한은 통통한 손가락으로 재빨리 부저를 눌렀다.

'앗싸, 아는 문제 나왔다. 마지막 문제는 내가 맞히는 거야.'

순간 나태한은 문제를 맞히고 환호 받는 자신의 모습을 떠올렸다. 빙그레 미소가 지어졌다. 옆에서 경솔해가 깜짝 놀란 얼굴로 나태한을 바라보았다. 경솔해의 입이 달싹거렸다.

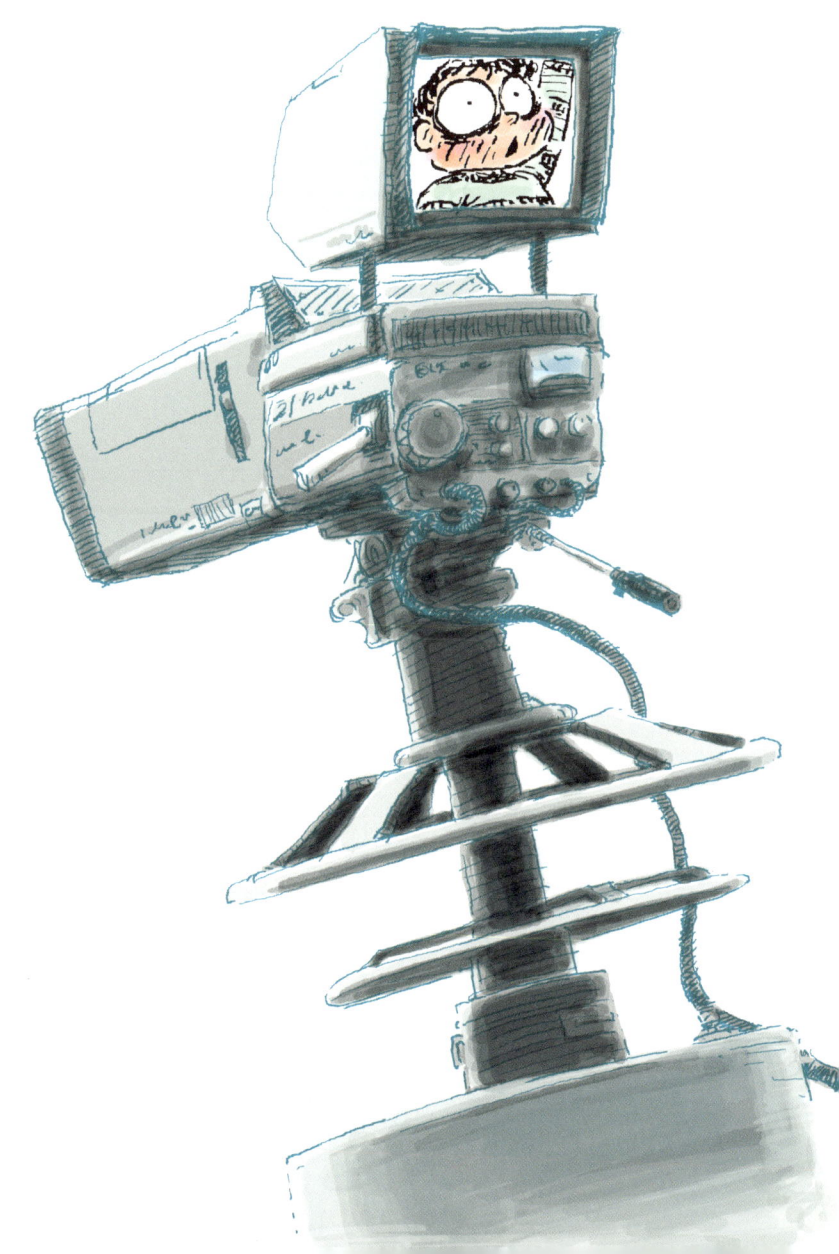

하지만 나태한의 귀에는 아무 말도 들리지 않았다.

"네, 우람 초등학교 나태한 군이 이 문제를 맞히게 되면 우람 초등학교가 우승을 하게 됩니다. 자, 그럼 나태한 군, 정답은?"

나태한은 대기실에서 경솔해가 낸 문제가 생각났다. 예상 문제지에서도 분명하게 본 문제였다.

"네, 정답은 까투리입니다."

경솔해의 짧은 외마디 비명이 들렸다. 이어서 삑, 하는 소리와 함께 사회자의 안타까운 목소리가 들렸다.

"아, 아니죠. 우람 초등학교 나태한 군, 문제를 끝까지 들어 볼 걸 그랬나요? 옷차림 따위의 겉모습이 잘 어울리지 않고 거칠게 생긴 사람을 비유적으로 이르는 말이기도 한데요."

그 순간 경솔해가 다시 부저를 눌렀지만 이미 기회는 상대편으로 넘어간 상태였다. 상대편에서 부저를 눌렀다.

"네, 긴장되는 순간이죠. 무영 초등학교에서 진학규 군이 이 문제를 맞히면 영광의 우승 트로피를 안게 됩니다. 자, 무영 초등학교 진학규 군, 정답은 무엇입니까?"

"네, 정답은 꺼병이입니다."

상대편의 힘차고 우렁찬 목소리가 방송국 스튜디오 안에 울려

퍼졌다.

딩동댕동, 경쾌한 실로폰음과 함께 사회자의 흥에 겨운 목소리가 이어졌다.

"네, 정답입니다! 답은 꺼병이죠. 축하합니다. 무영 초등학교가 우승입니다. 우람 초등학교 나태한 군이 말한 까투리는 암꿩을 이르는 말이었죠. 마지막까지 최선을 다해 준 우람 초등학교 학생들에게도 격려의 박수를 보내 줍시다. 또 끝까지 응원해 준 선생님과 학생 여러분, 감사합니다."

순간 나태한의 얼굴이 화끈 달아올랐다.

'그럼 아까 나보고 꺼병이라고 한 게 아니고 정답이 꺼병이라고 했던 거야? 아우, 창피해. 어떻게 해. 어떻게 해.'

나태한은 고개를 들지 못했다. 옆에서 경솔해가 구시렁대는 소리가 가깝게 들려왔다.

"야, 내가 아까 대기실에서 너한테 낸 문제잖아. 답까지 알려 줬는데, 모르면 가만이나 있지. 아우 아까워."

경솔해가 소리 내어 엉엉 울기 시작했다. 선생님과 친구들이 무대로 뛰어올라 와 울고 있는 경솔해를 달래 주었다. 나태한은 그 틈을 슬그머니 빠져나왔다.

'귀찮아도 좀 들어 둘걸. 마지막에 내가 너무 성급했나?'

나태한은 얼굴이 화끈거려서 어떻게 집까지 왔는지조차 알 수 없었다.

나태한은 세탁소 앞에 멈춰 섰다. 엄마는 세탁물에 비닐을 씌우고, 아빠는 칙칙, 김을 뿜어 가며 다림질을 하고 있었다.

'엄마 아빠가 망신 당하는 내 모습을 봤다면……. 정말 끔찍해. 이제 창피해서 학교는 어떻게 가. 몰라몰라!'

나태한은 동물 병원 유리창을 흘낏 보았다. 유리창에 하얀 종이가 붙어 있었다.

강아지 입양하실 분을 찾습니다!
건강 상태 양호.
단, 끝까지 책임지고 키워 줄 분이어야 함.

-정만수 동물 병원

나태한은 '강아지 입양'이라는 글자를 본 순간 퀴즈 대회 일은 까맣게 잊어 버렸다. 분명 지난번 나태한이 돌봐 줬던 강아지를 이야기하는 것 같았다.

'입양? 그럼 이제 못 보는 거야?'

나태한은 강아지를 못 본다는 생각에 정신이 아찔해져서 병원 문을 살짝 열어 보았다. 정만수 원장은 진료 중이었고, 조금 전까지 대기실에 있던 손님도 진료실로 들어갔다.

대기실 입구에 놓인 커다란 투명 통 속에 강아지 몇 마리가 꼬리를 흔들고 있었다. 나태한이 돌봐 줬던 강아지도 보였다.

"야, 형아야, 형아. 기억나?"

나태한은 작게 속삭이며 강아지를 쓰다듬었다. 그러고는 강아지를 살포시 들어 가슴에 품었다. 강아지는 휴대폰이 진동하듯 부르르 떨고 있었다.

'이 녀석 왜 이렇게 떨어? 엄마랑 떨어져서 외로운가? 그나저나 이대로 두면 영영 못 볼지도 모르는데……'

나태한은 강아지를 내려놓을 수가 없었다.

나 자신을 이기는 힘
끈기

3. 제멋대로 나태한

"너는 뭐든지 대충대충이야. 뭐든지! 열심히 하는 법이 없어."
나태한은 울먹이며 침대에 일찍 누웠다. 그러나 쉽게 잠이 오지 않았다.

"참, 어제 동물 병원에서 강아지가 없어졌다는데, 찾았나? 찾았대요?"

아침 식사 도중 엄마가 아빠한테 물었다.

"찾기는. 누가 작정하고 가져갔는데. 누구든 데려갔으면 잘 키우겠지."

나태한은 강아지 얘기가 나오자 갑자기 기침이 나왔다.

"캑캑!"

"어머, 얘, 괜찮아? 천천히 먹어."

엄마가 다정하게 나태한 등을 두드려 주다가 갑자기 생각난 듯 물었다.

"참, 어제 퀴즈 대회에 나갔다며? 왜 엄마한테 말 안 했어?"

"응. 시시했어."

"네가 대표로 뽑혔다며?"

"아, 아니야. 우연히 나간 건데. 그냥 그랬어."

"방송은 언제 나오니?"

"보게? 못 볼걸. 오후 다섯 시에 하는데 어떻게 봐? 엄마 아빠 한창 바쁠 땐데."

"무슨 소리야! 나태한이 방송에 나오는데 녹화해서라도 꼭 봐야지."

"아니야. 재미 없어. 보지 마. 절대 보지 마."

나태한은 밥을 먹으면서 계속 주문을 외웠다.

'엄마 아빠가 다 잊어버리게 해주세요. 방송 시간도 잊어버리고, 강아지 못 키우게 하던 것도 잊어버리고. 하느님 부처님 산신령님, 제발 제 소원을 들어주세요!'

그때 전화벨이 울렸다. 엄마가 전화를 받고 오더니 아빠에게 짜증을 부렸다.

"당신 어제 118동에 또 안 갔어요?"

"아참! 깜박했다."

"204호에서도 항의 전화 왔잖아요."

"아차!"

아빠는 밥숟가락을 내려놓더니 허둥지둥 옷을 꿰어 입고 뛰어나갔다.

가을 하늘은 구름 한 점 없이 맑기만 한데 나태한은 마음에 구름이 잔뜩 끼었다. 학교에 다가갈수록 마음이 콩닥거렸다.

'창피해서 아이들 얼굴을 어떻게 보지? 아, 생각하기 귀찮아. 모르겠다.'

"얘, 얘들아. 안녕!"

웅성웅성 떠들던 아이들이 갑자기 조용해졌다.

'내 얘기 하고 있었던 거야?'

나태한은 책상 위에 가방을 놓고는 슬그머니 앉았다. 아이들이 나태한을 힐끔 쳐다보더니 다시 웅성거리며 떠들기 시작했다. 그런데 경솔해 옆으로 모인 여자 아이들 몇 명은 나태한을 보면서

계속해서 까르르 웃어 댔다.

"야, 기분 나쁘게 왜 사람을 보고 웃냐?"

나태한이 쏘아붙이자 경솔해가 실실 웃으며 대꾸했다.

"나태한, 큰소리칠 상황이 아닐 텐데."

나태한은 화가 났지만 더 이상 할 말이 없었다.

"좋은 아침!"

때마침 선생님의 밝은 목소리가 교실 안에 울려 퍼졌다. 선생님은 들어오자마자 경솔해와 나태한 쪽을 보더니 미소를 지으며 말했다.

"경솔해 나태한, 모두 수고했어! 우승 못했다고 실망하지 마. 준우승도 잘한 거야. 너희들은 돈 주고도 살 수 없는 좋은 추억을 만든 거야."

그러나 나태한은 기분이 좋아지지 않았다. 많은 사람들 앞에서 창피 당했던 모습과 자신을 무시하는 경솔해의 얼굴이 떠올랐다.

성의택이 뒤돌아서 나태한 얼굴을 보고는 책상을 툭, 쳤다.

"짜식, 얼굴 좀 펴라."

"어제 상황을 네가 못 봐서 그래. 어휴……."

나태한은 얼굴이 더 심하게 일그러졌다.

"야, 수포맨(수학을 포기한 사람). 다 잊어 버려. 이따 집에 가면서 게임 한 판 어때?"

가만히 듣고 있던 나태한이 성의택에게 되물었다.

"정말 너까지 수포맨 수포맨 그럴래?"

"아, 알았다. 자식 진짜 까칠하네."

성의택이 무안해하며 앞을 보며 돌아앉았다.

나태한은 수업이 끝나자마자 집으로 돌아갔다.

'강아지 이름으로 뭐가 좋을까?'

나태한은 강아지 생각을 하면서 나풀거렸다. 한참을 달리다 보

니 어느새 동네 근처였다. 그러다 잠깐 멈춰 서서 동물 병원 앞을 기웃거렸다. 유리창에 하얀 종이가 붙어 있었다.

강아지 데려가신 분, 잘 키워 주세요!

- 정만수 동물 병원

나태한은 가슴이 뜨끔했다.

'사실대로 말할까? 안 돼. 분명히 엄마 아빠가 돌려주라고 할 게 뻔한데.'

나태한은 집으로 뒤뚱뒤뚱 올라가 얼른 방으로 들어갔다. 침대 아래서 낑낑대는 소리가 들렸다. 나태한은 급하게 침대보를 들추었다.

"답답했지? 미안."

나태한이 강아지를 끌어내는 순간 바닥 한구석에 뭔가 보였다. 나태한은 코를 움켜쥐고 책상 위에 있는 휴지갑에서 휴지를 뽑아 들었다.

"윽, 이런 똥을 싸셨군. 일단 이걸로 닦고."

나태한은 똥을 훔친 휴지를 침대 밑에 적당히 밀어 놓고 방바닥에 벌렁 드러누웠다.

"아, 귀찮아. 좀 이따가 치우고, 네 이름을 뭐로 지을까? 너는 뭐가 좋겠냐?"

나태한은 자신의 통통한 배 위에 강아지를 올려놓았다. 배는 침대처럼 푹신했다. 제법 살이 오른 새끼 강아지가 신이 나서 나태한의 배 위에서 뒤뚱거렸.

냅킨처럼 반듯하게 접힌 삼각형의 귀, 검고 반지르르한 코끝을 벌름거리는 모습은 정말 귀여웠다. 나태한이 손을 뻗어 턱밑을 살살 긁어 주자 강아지는 분홍색 혓바닥을 내밀어 손을 핥아 댔다.

"히히, 야! 간지러워."

그러나 나태한은 엄마가 들어와서 볼까 봐 슬그머니 방을 정리를 했다. 그러고는 작은 상자를 마련해서 수건을 깔고 그 위에 강아지를 올려놓았다.

"조금만 참아. 이 형아가 곧 비밀 장소를 마련할게. 형아는 얼른 영어 학원만 갔다 올게."

나태한은 침대 밑으로 강아지가 든 상자를 쑥 밀어 넣고 영어 학원으로 향했다.

영어 학원에서 돌아오는 길에 가게에 들러 우유를 샀다. 그동안은 지난번 동물 병원 아저씨가 강아지를 맡기면서 두고 간 분유를 먹였는데 그 분유가 똑 떨어졌다.

'그래, 분유랑 우유는 비슷하니까 괜찮겠지?'

나태한은 집에 도착하자마자 강아지에게 우유를 부어 주었다.

"어때, 먹을 만해?"

어느새 강아지는 우유를 핥아먹고 새근새근 잠이 들었다. 나태한은 강아지 상자를 다시 침대 밑으로 밀어 넣었다.

때마침 저녁밥을 지으러 들어온 엄마가 나태한의 방문을 열었다.

"얘, 배고프지?"

"아, 아니."

나태한은 강아지가 깨서 소리라도 낼까 봐 겁이 났다.

'제발제발, 엄마야 빨랑 문 닫아라!'

그러면서도 겉으로는 느긋한 척 상냥하게 말했다.

"엄마, 깨끗하지? 이제 내 방 청소는 내가 할게. 참, 오늘 영어 학원 가서도 열심히 공부했어."

나태한은 엄마가 묻지도 않는 말을 늘어놓았다. 엄마가 콧구멍을 벌름거리면서 고개를 갸웃거렸다.

"그래, 생각은 기특하다만, 왜 네 방에서 이상한 냄새가 나지? 환기 좀 시키지? 청소할 때는 창문 좀 열고 해."

"어, 알았어. 지금 열게."

그러고는 얼른 창문을 여는 척했다.

나태한은 엄마가 저녁 식사 준비를 하는 동안 일부러 엄마 곁을 맴돌았다. 혹시라도 강아지를 발견할까 봐 가슴을 졸이면서. 엄마가 파를 송송 썰면서 나태한에게 물었다.

"영어 학원은 재밌어? 다닐 만해? 너 지난번처럼 그만 두겠다고 그러면 안 돼. 알았어? 비싸게 주고 등록한 거야."

"내가 뭐, 무조건 그만 둔다고 했나? 다 이유가 있어서 그랬지."

"그럼, 다른 애들은 이유가 없어서 잘 다니니? 너처럼 일주일도 안 다니고 제멋대로 그만 두는 애가 어디 있니?"

"알겠어, 알겠다구요."

나태한은 더 이상 말대꾸를 하는 것이 귀찮아서 그만 두었다.

"아참, 태한아. 심부름 좀 해라. 엄마가 깜빡 잊고 두부를 안 사 왔네."

"그냥 두부 안 먹으면 안 돼? 귀찮은데, 대충 먹자."

"좀 갔다 오지?"

나태한은 뾰로통해져서 통통한 손을 내밀었다.

"돈 줘."

나태한이 두부를 사려고 내려가는데 마침 아빠가 올라왔다.

"아빠? 아직 저녁 준비가 덜 됐어. 지금 나 두부 사러 가는 길인데……."

"그래, 얼른 갔다 와라. 세탁소 문짝이 삐걱거려서 손 좀 보려고. 펜치랑 드라이버가 어디 있더라……."

나태한은 왠지 불안감이 밀려왔다. 그래서 뒤뚱거리며 가게로 달려가 두부를 샀다. 두부가 든 봉지를 들고 헐레벌떡 집으로 뛰어오는 내내 걱정이 앞섰다.

"엄마, 두부……."

나태한이 숨을 헐떡이며 현관문을 열었다.

아빠가 베란다에서 엄마에게 투덜댔다.

"여기 없는데? 아, 도대체 어디 둔 거야?"

"거기 없어요? 그럼 태한이 방에 있나?"

아빠가 나태한의 방문을 열었다.

"안 돼!"

나태한은 신발을 벗으며 외마디 비명을 질렀다.

"왜 그래? 갑자기 소리를 지르고."

엄마는 얼른 쫓아 나와 나태한의 손에 들려 있는 두부 봉지를 받아 들었다.

"이런, 두부가 뭉개졌잖아. 조심해서 가져오지 않고!"

나태한은 엄마의 잔소리가 귀에 들어오지 않았다. 아빠가 자기 방에 들어갔기 때문에 심장이 콩닥거릴 뿐이었다.

나태한은 조심스럽게 아빠의 뒤를 따라 방으로 들어갔다.

"나태한, 이게 무슨 냄새냐?"

아빠는 킁킁거리면서 냄새의 근원지를 찾아 콧구멍을 벌름거렸다. 이내 침대보를 들추고 상자를 끌어당겼다.

"이게 뭐야?"

아빠는 상자 속을 보고 기겁해서 소리쳤다.

"나태한!"

소리가 하도 커서 나태한은 숨이 탁 멎는 것 같았다. 다리도 후

 어린이를 위한 끈기

들거렸다. 나태한은 금세 울음이 터질 것 같은 얼굴로 서 있었다.

"동물 병원에서 없어진 그 강아지……! 이런, 내 아들이 이런 짓을 하다니."

아빠는 강아지를 꺼내 안았다. 상자 속 군데군데 설사 자국이 나 있었다. 우유를 먹고 설사를 한 것이었다. 게다가 침대 밑에 뭉쳐 둔 똥 묻은 휴지까지 끌려 나왔다.

"너 당장 따라 나와."

아빠는 강아지를 데리고 동물 병원으로 내려갔다.

"이거 미안해서 어쩌지? 이 철없는 녀석이 글쎄, 미안할세. 내가 도둑을 키웠네그려."

정만수 원장은 팔짱을 낀 채 나태한을 바라보았다.

"어서 사과드리지 않고 뭐해!"

"죄, 죄송해요. 입양할 곳을 찾는 걸 보고 다른 데 줘 버릴까 봐, 저도 모르게 그만. 죄, 죄송, 해요."

나태한은 울먹이느라 말을 제대로 잇지 못했다.

"그래, 아무리 그래도 말없이 가져가면 안 되지."

"죄, 죄송해요."

나태한은 정만수 원장에게 연거푸 사과하고, 아빠를 따라 다시 집으로 돌아왔다. 집에 돌아가자마자 아빠가 회초리를 들었다.

"너 무슨 맘먹고 강아지를 데려왔어? 데려왔으면 잘 돌봐 주든가. 똥도 안 치워 주고. 너는 뭐든지 대충대충이야, 뭐든지! 열심히 하는 법이 없어. 네가 주인 될 자격이 있어? 그러다 병나서 죽으면 어쩌려고!"

그러면서 아빠는 회초리로 나태한의 종아리를 때렸다.

"죄, 죄송, 해, 요. 너, 너무, 귀, 귀여워, 워서. 딸꾹!"

나태한은 하도 울어서 딸꾹질 때문에 말이 끊겼다. 옆에서 보고 있던 엄마가 안타깝다는 듯 물었다.

"나태한, 강아지가 그렇게 키우고 싶었어?"

나태한은 대답도 못하고 고개만 끄덕였다.

어린이를 위한 끈기

"네가 강아지를 끝까지 키울 수 있겠어? 강아지는 십 년도 넘게 살아."

엄마의 물음에 나태한은 막상 자신 있게 대답할 수 없었다.

저녁 식사를 마치고 아빠는 다시 세탁소로 내려갔다. 엄마도 설거지를 마치고 아빠를 따라 내려갔다.

나태한은 울먹이며 침대에 일찍 누웠다. 그러나 쉽게 잠이 오지 않았다. 천장에 붙여 놓은 별 모양의 야광 스티커가 빛나고 있었다.

밤늦게 엄마 아빠가 들어오는 소리가 났다. 나태한은 자는 척을 했다. 아빠가 방문을 살짝 열어 보고는 한숨을 쉬었다.

"저 녀석 누굴 닮아 저렇게 자기 멋대로인지."

"누굴 닮긴요. 당신을 쏙 빼닮았구만."

이럴 때 끈기가 필요해요
나 자신을 이기는 힘

우리 아이는 특히 수학을 싫어해요. 수학 공부를 하다가 약간만 어려운 문제가 나와도 "못 풀겠어요."하며 연필을 내려놓곤 합니다. 끝까지 포기하지 않으면 잘할 수 있을 텐데 말이죠. 그래서 아이에게 이렇게 말해 주곤 한답니다.
"이 세상에는 이것보다 더 어려운 문제가 많단다. 포기하지 마."

어려운 일을 도와주고 싶은 마음이 가득합니다. 하지만 혼자 힘으로 이겨 내 주면 좋겠어요. 힘 내!

어린이를 위한 끈기

결심한 일을 끝까지 해내는 모습은 너무 아름답습니다. 결국 그 일이 실패로 돌아가더라도 중요한 것은 과정이지 결과는 아닐 거예요. 무슨 일이든 끝까지 해내려면 참고 기다리고 노력하는 것이 필요하겠지요. 바로 '끈기' 말이에요.

어떤 일을 이루기 위해서는 때로는 기다려야 할 때가 있습니다. 나의 노력이 결과로 나타나기 위해서는 시간을 들여야 하니까요.
기다리는 것도 '끈기'지요.

나 자신을 이기는 힘
끈기

4. 게을러도 좋아

"근데 저 녀석 느려 터지고 게으른 게 어째 너랑 똑같냐. 붕어빵이다, 붕어빵."
'아, 그래, 형제는 닮는 법. 게을러도 좋아.'

　새벽부터 내리던 빗발이 거세졌다. 가을을 재촉하는 비였다. 창문이 흔들릴 정도로 바람까지 세차게 불었다. 나태한은 우산을 챙겨 들고 계단을 밟았다.
　"아, 학교 가기 귀찮다!"
　나태한은 아래층으로 내려와 우산을 펴자마자 중얼거렸다. 그러고는 학교로 가려던 발길을 돌려 동물 병원 앞에 섰다. 병원 유리창에 붙어 있던 하얀 종이는 바닥에 떨어져 나뒹굴고 있었다.

이미 빗물에 얼룩진 글씨는 알아볼 수가 없었다.

동물 병원 창문에는 뽀얗게 김이 서렸다. 게다가 유리창 가리개까지 쳐져 있어 안이 잘 보이지 않았다. 그러나 나태한은 틈새로 언뜻언뜻 움직이는 강아지의 움직임을 느낄 수 있었다.

나태한은 자세히 보고 싶어서 창을 옷소매로 쓱쓱 문지르고 눈동자를 창문에 붙이다시피 바싹 들이댔다.

'어, 그래, 조금만 더……. 저 꼬리 좀 봐. 으그, 귀여워.'

그때였다. 후다닥 계단을 밟는 소리가 나더니 아빠가 나타났다. 나태한은 아랑곳하지 않고 동물 병원 창문을 들여다보았다.

"나태한, 학교 안 가고 거기서 뭐해!"

나태한은 갑자기 짜증이 일었다.

'칫, 보는 것도 마음 놓고 못 하나.'

나태한은 심통이 나서 학교를 향해 뒤뚱뒤뚱 달리기 시작했다. 비바람에 우산이 뒤집어질 뻔했다.

이내 아빠가 오토바이를 타고 따라와 "이 녀석아, 조심해서 다녀!"라고 소리치더니 앞질러 가 버렸다. 빗속을 뚫고 달려가는 아빠의 오토바이가 왠지 불안해 보였다.

'또 배달을 미루셨군…….'

나태한은 빗속을 뚫고 허둥지둥 배달을 하러 가는 아빠가 미웠다.

나태한은 학교에 도착해 교실 문을 열었다. 아이들이 경솔해 자리에 모여서 와글와글 떠들고 있었다.

"무슨 일이야?"

나태한은 궁금해서 경솔해 쪽으로 고개를 쭉 뽑아 슬그머니 들여다봤다.

"알 거 없어!"

경솔해가 쏘아붙였다. 그러나 나태한의 눈에 핸드폰으로 찍은 강아지 사진이 들어왔다.

"강아지? 우리 집에도 강아지 있다 뭐!"

그러자 경솔해가 나태한에게 핸드폰 사진을 보여 주며 물었다.

"우리 짱이는 '마르치스'야, 너네 강아지는 뭐야?"

그러나 나태한은 강아지 품종까지 알 길이 없었다. 한 번도 정만수 원장에게 물어보지 않았기 때문이다.

"몰라, 그런 게 뭐가 중요해. 우리 강아지는 아주 똑똑하고 예쁘고 귀여워."

그러자 앞에 앉은 성의택이 반가운 얼굴로 나태한에게 달려들

며 물었다.

"정말? 보러가도 되냐? 그렇게 이뻐?"

"어……."

나태한은 얼버무리듯 대답하고 고개를 끄덕였다.

'으그, 나태한. 어쩌자고 거짓말까지…….'

그러나 어쩔 수 없었다. 이미 뱉어 버린 말이니 주워 담을 수도 없었다. 그때 경솔해가 더욱 큰 소리로 목소리를 돋으며 말했다.

"나태한네 개는 똥개일걸? 그렇지 않고 무슨 품종인지도 모르는 게 말이 되니?"

나태한은 화가 났지만 눈을 꼭 감고 참았다.

'에그 저 웬수, 잘난 척 대마왕, 아니 잘난 척 마귀할망구!'

경솔해는 옆에 앉은 성실애에게 핸드폰 사진을 보여 주며 떠들어댔다.

"실애야, 자세히 봐. 정말 귀엽다. 실제로 보면 더 귀여워. 얼마나 똑똑한지 몰라. 보고 싶지? 오늘 우리 집에 가서 볼래? 너무너무 귀여워."

"나두!"

"솔해야, 나두!"

경솔해 옆에 몰려 서 있던 여자 아이들이 앞 다투어 졸라 댔다.

수업이 끝났을 때는 이미 하늘은 맑게 개어 있었다. 나태한이 교문을 막 벗어나려 할 때였다. 성의택이 숨을 헐떡이며 나태한을 쫓아왔다.

"야, 너 우산 놓고 갔지?"

성의택이 나태한이 교실에 두고 온 우산을 내밀었다.

"아차, 고마워."

나태한은 우산을 받아들며 머리를 긁적거렸다.

'강아지 보러 가자고 하면 어쩌지?'

나태한은 거짓말이 탄로 날까 봐 두근거렸다.

"성의택, 너 학원도 가야 되고 과외도 있다며. 빨리 안 가 봐도 돼?"

"쉿. 사실은 내일까지 엄마 집에 없거든. 외할머니 댁에 가셨는데, 그때까지 내 맘대로 다 할 수 있어. 나 학원 애들이랑 게임 한 판 붙기로 했는데, 너도 할래?"

나태한은 게임이라는 말에 솔깃했으나 이내 강아지를 떠올리며 고개를 가로저었다.

"이따 전화할게."

나태한은 얼버무리고는 온 힘을 다해 뒤뚱뒤뚱 빠른 걸음을 내 딛었다. 혹시라도 성의택이 강아지를 보자고 쫓아올까 봐 겁이 났다. 군데군데 고인 빗물에 바지 자락까지 젖어가면서 잰 걸음을 걸었다.

나태한은 숨을 헐떡이며 동물 병원 유리창 앞에 섰다. 강아지가 나태한을 보더니 꼬리를 살랑살랑 흔들었다.

"그래, 이 형아를 알아보는구나!"

때마침 세탁물의 먼지를 털러 나온 아빠가 나태한을 보고 한심스런 얼굴로 소리쳤다.

"이 녀석, 또 거기 붙어 있냐!"

"그냥 보는 것도 안 돼?"

"그래, 안 된다. 강아지가 너 닮아서 나태해질까 봐 안 돼!"

"몰라, 아빠 미워!"

나태한은 심통이 난 얼굴을 하고 집으로 올라갔다.

나태한은 다음 날도 그 다음 날도 틈만 나면 동물 병원 창밖에서 강아지를 들여다보면서 시간을 보냈다.

한 편 정만수 원장이 붙인 강아지 입양할 사람을 구하는 안내문 종이도 몰래 떼어 버렸다. 그러나 꼬리가 길면 잡히는 법! 그날도 종이를 떼어 내다 정만수 원장에게 덜컥 들키고 말았다.

"흠, 범인이 여기 계셨구만. 따라 들어와."

정만수 원장의 목소리는 무겁고 점잖았다. 마치 폭풍이 일어나기 직전처럼 고요해서 나태한은 잔뜩 긴장이 되었다. 차라리 아빠처럼 곧바로 호통치고 화를 버럭 내면 더 편할 것 같았다. 나태한은 도살장에라도 끌려가는 것처럼 동물 병원으로 들어갔다.

"코코아 좋아해?"

걱정했던 것보다 정만수 원장의 목소리가 부드러워졌다. 나태한은 대답대신 고개만 끄덕였다. 정만수 원장은 금세 따뜻한 코코아를 한 잔 가져다 나태한에게 내밀었다.

"마셔."

나태한은 이번에도 말없이 컵을 받아 들었다. 컵이 따뜻했다. 온몸이 싸늘했는데, 따뜻한 컵을 감싸자 금세 마음까지 훈훈해지는 것 같았다.

"강아지가 그렇게 좋아?"

"네! 아주 많이요."

"그래? 그럼 네가 키울래?"

"에이, 지난번에도 보셨잖아요. 어림도 없어요. 우리 집에선 안

통해요."

"음, 네가 아저씨하고 약속만 잘 지키면 아빠를 설득시켜 줄 텐데. 아빠를 설득시킬 방법이 이 아저씨한테 있기는 한데 말야."

정만수 원장은 장난스레 웃었다.

"정말요?"

정만수 원장은 당연하다는 듯 고개를 끄덕였다.

"네, 제가 할 수 있는 건 뭐든지 할게요. 아저씨하고 어떤 약속을 하면 돼요? 지킬게요."

"아빠는 네가 너무 게을러서 도저히 믿을 수 없다는데, 아저씨가 믿어도 되나? 강아지 키우다 귀찮다고 버리면 어쩌지?"

"아, 아니에요. 강아지를 어떻게 버려요! 전 강아지를 버리는 사람들 보면 정말 이해가 안 가요. 어떻게 키우던 강아지를 버려요."

"정말이야? 중간에 발뺌하는 거 아니야?"

"절대로 절대로, 네버네버 그런 일 없어요. 하늘에 두고 맹세해요."

그러자 정만수 원장이 고개를 끄덕였다. 나태한은 잔뜩 기대에 부풀어 정만수 원장을 바라보았다. 하지만 어떤 약속을 하자고 할지 은근히 겁이 나기도 했다.

'되도록 힘들지 않은 일이면 좋으련만……'

"너에게 임무를 줄 거야. 바로 강아지 배변 훈련(똥을 정해진 장소에 누도록 가르치는 것)을 시키는 거야. 물론 정해진 시간 내에 수행해야겠지. 정해진 시간은 한 달이다. 물론 엄마 아빠 도움 없이 스스로! 그러면 아저씨가 내 준 임무를 수행하기 위해 가장 필요한 것은 뭘까?"

"……?"

나태한은 강아지 배변 훈련에 필요한 것이 뭘까 생각해 보았다.

"책? 강아지 기르는 법 같은 책을 사서 읽으면 될까요?"

"오, 물론 그런 책을 사서 읽어 두면 도움이 되겠지. 그런데 가장 중요한 건 끈기 있게 기다리는 것이야. 강아지가 네 마음처럼 움직여 주지 않는다고 소리치거나 화내면 안 돼. 잘 다독여 주고 보살피면서 끈기 있게 기다리는 거야. 할 수 있겠니?"

'끈기 있게 기다린다고…….'

나태한이 선뜻 대답하지 못하자 정만수 원장이 강아지에게 바싹 다가서며 장난스럽게 말했다.

"자신 없으면 말구. 애야, 넌 아무래도 다른 주인을 만나야 할 것 같구나."

"아, 아니에요. 할 수 있어요. 할 거예요."

그러자 정만수 원장은 찡긋 나태한에게 윙크를 날리며 강아지를 건네주었다. 나태한은 강아지를 가슴에 꼭 끌어안았다.

"좋아. 그럼 잘 키워. 음, 기대되는 걸."

"아빠한테 말도 안 했는데, 데려가도 돼요?"

"얼른 올라가. 아저씨가 책임지고 아빠를 설득시켜 줄게."

그러면서 정만수 원장은 강아지가 쓸 물건과 사료까지 챙겨 주었다.

"자, 이건 아저씨가 주는 선물. 이제 사료를 먹이면 돼. 참, 생우유 주면 안 돼. 소화를 못 시키거든. 강아지는 설사 많이 하면 면역력이 떨어져서 죽을 수도 있어."

 나태한은 강아지를 품에 안고 동물 병원을 나섰다. 자꾸만 함박웃음이 지어졌다. 강아지의 숨소리와 온기가 품에서 느껴졌다. 기분이 이상했다.

 나태한이 천천히 강아지를 거실에 내려놓고, 정만수 원장이 준 강아지 방석은 거실 구석에 놓았다. 강아지가 엉금엉금 기어가다가 카펫 위에다 똥을 싸고 말았다.

 "안 돼! 거긴 안 돼!"

 나태한은 냉큼 휴지를 가져다 똥을 닦아 변기통에 버렸다. 나태한은 엄마 아빠가 뭐라고 할까 봐 허둥지둥 물걸레로 닦았다. 그러면서도 자꾸만 웃음이 튀어나왔다.

 "히히, 귀염둥이, 그런데 똥은 아무 데나 싸면 안 돼. 화장실은 저기야. 알았지? 형아가 영어 학원 갔다 올 동안 말썽 부리면 안 돼."

 나태한은 화장실 문을 활짝 열어 놓고 손가락으로 가리켰다. 그러고는 뒤뚱뒤뚱 영어 학원으로 갔다.

 나태한은 영어 학원에서도 엉덩이가 들썩거려서 집중이 안 되

었다. 그런데 그날은 하필 보충 수업까지 겹쳐서 저녁 무렵에야 집에 돌아왔다. 학원에서 몰래 도망치고 싶어도 엄마 아빠한테 잘 보여야 한다는 생각에 꾹 참았다.

현관문을 열자 구수한 된장찌개 냄새가 진동을 했다.

"엄마!"

"얘, 누구 맘대로 강아지 데려왔니?"

아빠는 아무 말 없이 식탁에 앉아 저녁 식사를 하고 있었다. 강아지는 방석에 엎드린 채 꼼짝하지 않았다.

"저 녀석, 제 주인 왔는데도 꿈쩍도 않네. 게을러 빠져 가지고는."

아빠가 투덜거리며 말했다.

"나태한, 너 엄마랑 약속 하나 해. 강아지 키우는 대신 수학 공부 열심히 하기로!"

"네? 강아지랑 수학이랑 무슨 상관이 있다고!"

그러자 엄마는 두 팔을 허리에 대고 따지듯 되물었다.

"수학 문제도 꼬박꼬박 풀지 못하는 애가 강아지를 어떻게 키운다고……. 강아지 키우는 데 얼마나 손이 많이 가는데! 엄마가 널 믿게 하려면 공부도 열심히 해야지!"

나태한은 어쩌면 정만수 원장과 한 약속이 날아가 버릴지도 모른다고 생각하자 대답이 저절로 튀어나왔다.

"네. 알았어요. 수학 공부 열심히 할 게요."

그제야 엄마는 나태한에게 찡긋 윙크를 날렸다.

"좋아. 믿어 볼게."

식탁에 앉아 있던 아빠가 강아지를 보면서 재미있어 하며 말했다.

"근데 저 녀석 행동이 왜 저리 굼뜨냐? 어라, 이제야 엉금엉금 기어 나오네. 허참, 느려 터지고 게으른 게 어째 너랑 똑같냐. 붕어빵이다, 붕어빵. 이참에 아예 붕어빵이라고 불러라!"

아빠는 한참을 껄껄 웃었다.

나태한은 아빠가 놀리는 것 같아 기분이 나빴지만 붕어빵이라는 이름이 싫지 않았다.

'아, 그래, 형제는 닮는 법. 게을러도 좋아. 너하고 나는 게으른 형제니까 붕어빵! 좋다.'

나태한은 신이 나서 강아지를 불렀다.

"빵아 빵아, 붕어빵!"

빵이 형아의 홈페이지

붕어빵은 내 동생! 오늘의 기분 · 즐거움 😊

동생이 생겼습니다.

이름은 붕어빵(하는 짓이 나랑 딱 붕어빵이라네요)!

우리 빵이(붕어빵을 이렇게 불러요)는 거실 바닥에 내려 놓으면 꾸물거린답니다.

대체 뭘 하고 싶은 거지 어딜 가고 싶은 건지 모르겠습니다.

꼭 거북이 같다고 할까요?

물론 최고로 귀여운 거북입니다.

그런데 우리 빵이, 똥을 좀 아무 데나 싸는 버릇이 있습니다.

아직 아기라서 그렇겠지요?

문제는 거실 카펫에도 막 싼다는 겁니다. 우리 엄마 진짜 무서운데요.

아, 우리 빵이가 엄마한테 혼쭐이 나기 전에 교육을 좀 시켜야겠습니다.

그런데 어떻게 좀 쉽게 교육시키는 방법이 없을까요?

똥 쌀 때마다 쫓아다닐 수도 없으니까요.

하루에 한두 번 싸는 것도 아니잖아요.

ㅜㅜ

강쥐 키우고 계신 님들, 방법이 있으면 답글로 달아 주세용~ 부탁!

▽ 댓글 🅽 ▽ 엮인글

🔺 아지사랑   빵이 형아 님, 붕어빵이라는 이름 너무 귀엽네요.
              그런데 강아지 배변 훈련은 쉽게 시킬 수가 없어요. 마음 준비 단단히 하셔야 될 거예요.

🔺 빵이 형아   그러잖아도 동물 병원 아저씨가 저보고 '기다림'이 제일 중요하다고 그랬는데…….
              마음 준비하란 뜻이었나?

나 자신을 이기는 힘
끈기

5. 기다림은 승어

'기다림'이란 짜증이 나도 참고 지켜보라는 뜻일 겁니다.
배워서 익히는 일이 한 번에 되겠어요? 끊임없이 반복해야 하지요.

"수학 숙제 했어?"

성의택이 나태한을 보자마자 물었다.

"숙제 있었냐?"

그러자 경솔해가 곧바로 뒤를 돌아보더니 한심하다는 듯 혀를 끌끌 차면서 놀렸다.

"쯧쯧쯧, 수포맨이 했겠냐?"

나태한 얼굴이 빨개지자 성의택이 나태한에게 말했다.

어린이를 위한 **끈기**

"야야, 사실 나도 안 했어. 우리 화장실에나 갔다 오자. 아, 급해……."

나태한이 대꾸도 않고 씩씩거리고 앉아 있자 성의택은 황급히 교실문을 열고 뛰어나갔다.

그때 성실애가 아이들이 떠드는 틈을 타 슬쩍 자신의 공책을 나태한에게 밀면서 말했다.

"아직 선생님 오시려면 시간 남았어. 빨리 숙제해."

나태한은 성실애의 수학 공책을 수학 책으로 살짝 덮고는 정신없이 베끼기 시작했다. 운이 좋은 건지 숙제를 다 하기 전까지 선생님이 들어오지 않으셨다.

"고마워."

나태한은 성실애에게 슬그머니 공책을 돌려 주면서 말했다.

그때 경솔해가 뒤를 흘끗 보더니 툭 쏘아붙였다.

"너네 뭐냐? 이상한 냄새가 나는데. 사귀냐?"

"어머, 얘는……. 그런 거 아니야."

성실애가 경솔해의 등을 툭 치면서 말끝을 흐렸다. 그 모습을 보자 나태한은 귓불까지 빨개졌다.

"아니거든! 제발 참견 좀 하지 마. 이 참견 마귀할멈아!"

"그렇게 화내니까 더 이상한데?"

경솔해가 나태한의 코앞까지 빤질빤질 윤기 도는 얼굴을 들이대며 놀려 댔다.

"으그 정말……."

나태한의 통통한 볼이 발그레해지면서 실룩거렸다. 잔뜩 약이 오른 얼굴이었다.

"야, 선생님 오셔!"

때마침 성의택이 호들갑스럽게 문을 열고 들어와 숨을 헐떡이며 자리에 앉았다. 그런데 화장실에서 장난이라도 쳤는지 성의택은 옷소매며 등짝이 물에 흠뻑 젖어 있었다.

나태한은 수업 시작 전에 성의택의 등을 콕콕 찌르며 물었다.

"야, 오늘 우리 집으로 갈래? 강아지 보여 줄게. 예쁘지는 않지만……."

"안 돼. 나 지난번 과외 빼먹은 거 들통 나서 재깍재깍 집에 들어가야 해. 안 그러면 끽이야."

나태한은 성의택의 뒷모습을 보면서 안타까운 표정을 지었다.

나태한은 수업을 마치자마자 재빨리 가방을 매었다. 평소에는

귀찮아서 뛰지도 않았는데 저절로 발걸음이 빨라지며 어느새 뛰어가고 있었다. 나태한은 현관문을 열자마자 반가운 목소리로 붕어빵을 불렀다.

"빵아, 예쁜 빵아, 붕어빵!"

그러자 붕어빵이 꼬리를 흔들면서 나태한의 바지 자락에 매달렸다.

"에그 요 귀여운 녀석!"

그런데 나태한의 눈에 카펫 위에 싸 놓은 똥이 들어왔다. 나태한은 울상을 하고 붕어빵을 내려다보았다.

"야, 붕어빵! 여기다 싸면 안 돼. 응가는 저기다 하는 거란 말야."

나태한은 화장실을 가리켰다. 그러나 붕어빵은 아랑곳하지 않고 꼬리만 흔들어 댔다.

"몰라. 이 녀석아! 응가도 저기, 쉬도 저기야. 알았어? 너 자꾸 아무데나 똥 싸면 이름을 확 바꿔 버릴 거야. 똥싸배기로!"

나태한은 가방을 내려놓자마자 붕어빵을 먹일 사료를 불렸다. 네 시간에 한 번씩 주면 좋다고 하는데, 시간 맞추기가 힘들었다.

"뭐냐, 나도 밥을 제때 못 먹는데, 너 이 형아 덕분에 호강한다."

나태한이 카펫 위에 있던 똥을 치우고, 물걸레로 박박 문지르고 있는데, 디지털 버튼 소리와 함께 현관문이 열렸다.

이내 엄마가 낯선 사람과 함께 등장했다.

"나태한, 벌써 왔구나! 수학 선생님이셔. 인사드려."

나태한은 수학 선생님이란 말에 정신이 아득해졌다.

"오늘부터 수학 과외하는 거다. 선생님 말씀 잘 듣고. 알았지?"

"엄마 맘대로? 나한테 한 마디 상의도 없이?"

엄마는 눈을 깜박이며 인상을 썼다. 말대꾸하지 말라는 신호였다.

'아, 불쌍한 내 영혼!'

그러나 나태한은 할 수 없이 지금의 상황을 받아들여야 했다. 안 그러면 엄마가 붕어빵을 다시 병원에 돌려준다고 할지도 모른다.

수학 선생님은 일주일에 두 번 오시기로 했다.

"붕어빵! 이 형아가 너 때문에 수학 공부까지 하신단 말이야."

나태한은 붕어빵에게 조그맣게 속삭였다.

엄마가 다시 세탁소로 내려가고 나태한은 식탁에 수학 선생님과 마주 앉았다.

"조만간 수학 경시 대회 있는 거 알지?"

나태한은 수학 경시 대회라는 말에 가슴이 답답해졌다.

"선생님, 그런데 헛수고 하시는 거예요. 전 수학 공부할 머리가 아니거든요. 수학을 포기한 수포맨이라구요."

"어째 이상한걸, 슈퍼맨이면 뭐든지 잘해야 되는 거 아냐?"

"선생님, 그 슈퍼맨이 아니라 수학할 때 수, 포기할 때 포를 따서 그냥 수포맨이라고 그렇게 부르는 거예요."

그러자 선생님이 팔짱을 낀 채 나태한을 진지하게 바라보았다.

"이왕이면 뭐든지 잘하는 슈퍼맨이 좋겠는걸. 선생님이 하라는 대로 잘 따라하면 너도 진정한 슈퍼맨이 될 수 있어. 알겠지?"

나태한은 선생님의 진지한 눈빛이 부담스러워서 머리를 긁적였다. 나태한은 지금껏 수학 경시 대회를 위해 따로 공부해 본 적이 한 번도 없었다. 갑자기 공부를 해야 한다니 숨이 탁 막혔다.

수학 선생님은 나태한의 코앞까지 자신의 얼굴을 들이댔다.

 어린이를 위한 끈기

"수학 경시 대회까지 매일 열 문제씩 푼다, 알겠나!"

"말도 안 돼. 할 게 얼마나 많은데 열 문제씩이나, 그것도 매일?"

"음, 좋아. 그럼 일곱 문제로 줄여 주지. 어때?"

"다, 다섯 문제로 하면 안 돼요?"

수학 선생님은 곰곰이 생각하는 표정을 짓더니 고개를 끄덕였다.

"좋아! 다섯 문제. 하지만 네가 정한 것이니까 약속을 안 지키면 벌을 받아야 하는데, 어떤 벌로 할까?"

나태한이 대답이 없자 수학 선생님은 붕어빵을 살포시 내려다보며 말했다.

"어머니께서 그러시는데 수학 공부 안 하면 강아지를 다른 곳으로 보내기로 했다는데, 이 강아지 때문이라도 열심히 해야지?"

나태한이 뽀로통해졌다. 그래도 수학 선생님은 끄덕 않고 말했다.

"다섯 문제 풀기는 오늘부터 시작이야. 매일매일 조금씩 하다 보면 분명히 수학이 재밌어질걸? 참, 오늘은 첫날이니까 여기까지 하자."

나태한은 수학 선생님이 너무 얄미웠다.

'너무해. 아, 옛날이여! 엄마 아빠, 어찌하여 저에게 이런 시련을 주시옵니까!'

나태한은 수학 선생님이 계단을 밟는 소리가 점점 멀어지자 거실 바닥에 벌렁 드러누웠다.

'숙제 안 하면 분명 엄마한테 이르겠지? 그러면 엄마는 붕어빵을 당장 돌려주라고 할 거고.'

나태한은 거실 바닥에 누운 채로 괴성을 질렀다.

"앙, 정말 하기 귀찮다. 공부 안 하고 살 수는 없나? 붕어빵아! 이 형아가 공부도 안 하고 저절로 똑똑해지면 얼마나 좋겠냐!"

그 사이 붕어빵은 거실에 놓인 화분 옆에다 시원하게 오줌을 싸고 있었다.

"야, 안 돼! 쉬는 화장실에서 누는 거야!"

그러자 붕어빵은 나태한이 지른 소리에 놀라서 낑낑거리며 소파 밑으로 숨어 버렸다.

나태한은 휴지로 오줌을 닦고 걸레로 훔쳤다. 그러고는 소파 밑에 있는 붕어빵을 불렀다.

"붕어빵, 미안해. 형아가 소리 질러서 놀랐지?"

붕어빵은 소파 밑에 숨어서 낑낑거렸다.

　나태한이 불린 사료를 내밀자 그제야 꼬리를 살랑대며 나태한 곁으로 다가왔다.

　나태한은 붕어빵을 덥석 껴안고는 볼을 마구 비벼 댔다.

　"요놈아, 귀여운 놈. 다음부터는 숨지 마. 그리고 제발 부탁인데, 응가나 쉬는 화장실에서 좀 하자. 응, 안 그러면 너보고 똥개라고 그런단 말야. 누가 너보고 똥개라고 하면 좋아? 싫지?"

　나태한은 붕어빵이 사료를 먹느라고 내미는 선홍색 혓바닥마저도 예뻐서 죽을 지경이었다.

빵이 형아의 홈페이지

붕어빵 명견 만들기 대작전(4일째) 오늘의 기분 · 괴로움

이 주의 목표 붕어빵을 화장실로 보내자!
이번 주의 훈련 내용 반복 학습 : 붕어빵이 똥오줌을 싸려고 할 때마다 재빨리 화장실로 데리고 간다.
　　　　　　　　냄새로 유인 : 신문지에 붕어빵의 똥오줌을 발라 화장실에 놓는다.

붕어빵은 오늘도 거실에서 오줌을 쌌습니다.
이번 주만 해도 벌써 11번째!
역시 붕어빵은 훈련 내용을 이해하지 못합니다. 대략 난감 ㅜㅜ
하루 종일 붕어빵이 똥오줌 쌀 때만 기다리고 있을 수 없습니다.
아~~~, 괴롭다. 정말. 나는 붕어빵 키우는 걸 싫어하는 엄마한테 잘 보이려고
수학 문제까지 하루에 5개씩 푸는데 붕어빵은 먹고 싸기만 합니다.
정말 인생은 시련의 연속입니다.

∨ 댓글 ∨ 엮인글

🔺 아지사랑 빵이 형아 님, 심히 괴로우시군요. 사실 강쥐 키울 땐 끈기가 가장 필요하다지요?
　　　　　저번에 동물 병원 아저씨가 얘기해 줬다는 '기다림'도 짜증이 나도 참고 지켜보라는 뜻일 겁니다.
　　　　　그야말로 훈련이란 배워서 익히는 일인데 한 번에 되겠어요?
　　　　　끊임없이 반복 반복 또 반복해야 하지요.
　　　　　실은 강쥐 키우는 다른 님들도 훈련시킬 때 규칙적인 습관을 만들려고 피눈물을 흘린답니다.
　　　　　님은 그래도 이번 주에 붕어빵이 11번만 쌌다면서요. 다른 님들에 비하면 성과가 좋습니다.
　　　　　자자, 우리 홧팅 한 번 해요~ 홧팅!!

🔺 빵이 형아 정말요? 다른 님들은 더 심해요? 그렇다면 정말 다행~
　　　　　아지사랑 님, 암튼 응원해주셔서 감사감사~!
　　　　　우리 붕어빵만 훈련시킬 게 아니라 이 형아도 참고 기다리는 습관이 필요한 거 같아요.
　　　　　그런데 참고 기다리는 건 정말 내 체질에 안 맞아요.

나 자신을 이기는 힘
끈기

6. 인내는 쓰다!

"오 마이 가드!" 나태한은 좌절하듯 무릎을 꿇으면서 외쳤다.
'하루빨리 배변 훈련을 성공시켜야 하는데……'

"나태한, 일어나! 빵이는 벌써 일어났는데!"

나태한은 잠결에 들리는 엄마의 목소리에 눈을 떴다.

"맞다!"

나태한은 벌떡 일어나 붕어빵을 데리고 화장실로 갔다. 벌써 일주일이나 지났지만 붕어빵은 여전히 아무 데서나 일을 본다. 나태한이 아침마다 붕어빵을 데리고 화장실에 가는데도 말이다. 나태한은 화장실 바닥에 신문지를 깔아 놓고 그 위에다 붕어빵을 올려놓았다.

"붕어빵! 진짜 여기다 싸는 거다!"

나태한은 이를 닦고 세수를 하면서 붕어빵을 흘낏 쳐다보았다. 붕어빵은 신문지 한쪽 모서리를 물어뜯고 찢으며 장난치다가 신문지 위에 발랑 드러누워 버렸다.

나태한은 세수를 마치고 붕어빵에게 살며시 다가갔다. 한숨이 저절로 새어 나왔다.

"야, 게으름뱅이. 여기가 침대냐? 쉬를 하라니까 여기서 드러누우면 어떡하니? 자 그러지 말고 쉬, 쉬! 어서 해봐. 쉬!"

그러나 붕어빵은 눈만 슴벅일 뿐이었다.

"그래, 마려울 때 눠야지. 마려울 땐 꼭 여기다 쉬, 해야 해. 알았지?"

그러고는 화장실 문을 열었다. 그러자 붕어빵이 뒤뚱뒤뚱 걸어 나가더니 카펫 위에 보란 듯이 오줌을 누는 것이었다.

"오 마이 가드!"

나태한은 좌절하듯 무릎을 꿇으면서 외쳤다. 그러자 아빠가 나태한에게 근엄한 목소리로 말했다.

"이 녀석은 어째 아직도 아무 데나 싸냐? 키울 자신 없으면

일찌감치 돌려주지? 큼큼, 저 녀석 때문에 거실이 온통 오줌 냄새네."

나태한은 아빠 말을 듣고 한참 동안 생각에 잠겼다.

'이러다 진짜 돌려줘야 하는 거 아니야? 하루빨리 배변 훈련을 성공시켜야 하는데…….'

나태한은 걱정스런 얼굴로 화장실에 있는 신문지를 가져다 붕어빵이 싸 놓은 오줌 위에 올려놓고 꾹꾹 눌렀다. 신문지 위에 붕어빵의 오줌이 조금 배었다. 오줌이 묻은 신문지를 화장실 바닥에 펼쳐 놓고 문을 활짝 열어 놓았다.

'제발 붕어빵, 화장실에다 싸는 거다. 알았지?'

나태한은 아침부터 기운이 쭉 빠졌다. 힘들어도 엄마한테 부탁할 수 없었다. 그랬다간 당장 빵이를 돌려 보내자고 할 테니까.

나태한은 교실에 들어서자마자 자리에 털썩 주저앉았다. 그러고는 이내 책상에 엎드려 버렸다.

"우리 나태한 씨가 아침부터 왜 이렇게 기절 상태실까? 어제 방송 보고 그런 거야?"

성의택이 장난스럽게 말을 걸었다.

"뭐야? 너 봤어? 보지 말지, 에이 창피해."

나태한은 성실애, 성의택 남매가 방송을 보았다고 생각하자 얼굴이 화끈거렸다. 특히 성실애에게 창피했다. 나태한은 성실애를 흘끗 보았다. 그러다 그만 뒤돌아 보던 경솔해와 눈이 마주쳤다. 나태한은 이내 못 본 척 딴청을 하며 고개를 돌렸다.

경솔해와 성실애는 머리를 맞대고 신문 낱말 퍼즐을 풀면서 키득거리고 있었다. 나태한은 방송국이 원망스럽기만 했다.

'뭐야, 잊을 만하니까…….'

나태한은 분위기를 바꾸려고 붕어빵 이야기를 꺼냈다. 나태한은 성의택 등을 툭툭 치며 몸을 바싹 앞으로 기울이며 속삭였다.

"사실은 우리 집 강아지, 자꾸 거실에서 일을 본다. 걔는 거기가 화장실인 줄 아나 봐. 어떻게 해야 하지? 화장실에 신문도 깔아 놓고 야단도 쳐 봤는데 소용이 없더라구."

갑자기 경솔해가 고개를 돌리며 얄밉게 말했다.

"야, 나태한. 그러니까 너네 개는 똥개라니까. 우리 짱이는 우리 집에 온 지 하루만에 화장실에서 볼일을 봤어. 아무튼 족보 없는 강아지는 키우기 힘들다니까!"

그러면서 통쾌하다는 듯 계속 깔깔거렸다.

어린이를 위한 끈기

"너는 남의 얘기 엿듣는 게 특기냐? 웬 관심이 그렇게 많냐?"

나태한은 경솔해가 얄미워서 쏘아붙였다.

'아휴, 저걸 그냥. 저 참견 마귀할멈. 아침부터 화를 돋우네, 화를 돋워.'

나태한은 붕어빵이 똥개로 불리는 것이 억울했지만 경솔해에게 반격할 말이 없었다. 며칠 전 동물 병원 아저씨에게 들은 말이 생각났기 때문이다.

"음, 얘는 믹스견이야. 흔히 말하는 잡종이지. 그래도 굳이 족보를 따지자면 발바리과? 한 마디로 정확한 품종을 알 수 없어."

나태한은 마음속에서 경솔해에게 한 방을 날리고 있었다.

'두고 봐. 내가 확실하게 훈련시켜서 우리 붕어빵이 똥개가 아니라는 것을 보여줄 거야.'

나태한은 잔뜩 화가 난 얼굴로 현관문을 열었다. 붕어빵이 꼬리를 흔들며 현관 앞까지 쪼르르 달려 나왔다.

"에구구, 귀여운 붕어빵! 형아가 오니까 반가워?"

나태한은 붕어빵을 반짝 안아서 가슴에 품었다. 그런데 그 순간 나태한 눈에 카펫 위에 널린 작은 똥덩이가 보였다.

"내가 백날 얘기해 봐야 무슨 소용이겠니! 내 입만 아프지. 야,

그러니까 너가 똥개 소리를 듣는 거 아니냐! 너 정말 똥개야?"

나태한은 붕어빵을 내려다보면서 씩씩거렸다.

"빵아, 붕어빵! 제발 형아를 실망시키지 말아 줘!"

애원하는 나태한 옆에서 붕어빵이 꼬리를 살랑거렸다. 순간 붕어빵에게서 고약한 냄새가 났다. 나태한은 큼큼거리며 붕어빵 냄새를 맡았다. 붕어빵은 선홍빛 혓바닥을 내밀어 나태한의 얼굴을 여기저기 핥아 댔다.

"윽, 너 정말 냄새가 장난이 아닌데, 목욕해야 하는 거 아니니?"

나태한은 정만수 원장이 준 강아지 용품을 뒤져 보았다. 까만 매직펜으로 '강아지 샴푸'라고 쓰인 병이 보였다. 온통 영어로 돼 있어 글씨가 없었다면 모를 뻔했다. 나태한은 카펫 위에 싼 똥을 치우는 것은 깜빡 잊고 먼저 붕어빵 목욕을 시켰다.

나태한은 영어 수업이 끝나자마자 집으로 돌아왔다. 현관문을 열자마자 엄마의 성난 목소리가 들렸다.

"나, 태, 한!"

"엄마, 벌써 저녁 먹게?"

어린이를 위한 끈기

나태한은 엄마가 화난 것을 짐작했으나 능청스럽게 되물었다.

"나, 태, 한!"

"왜, 왜요?"

"저거 왜 저래?"

엄마가 손가락으로 카펫 위에 놓인 붕어빵의 똥을 보고 소리쳤다.

"응, 그새 또 쌌네."

나태한은 모른 척 머리를 긁적였다. 엄마가 다시 속사포처럼 쏘아 댔다.

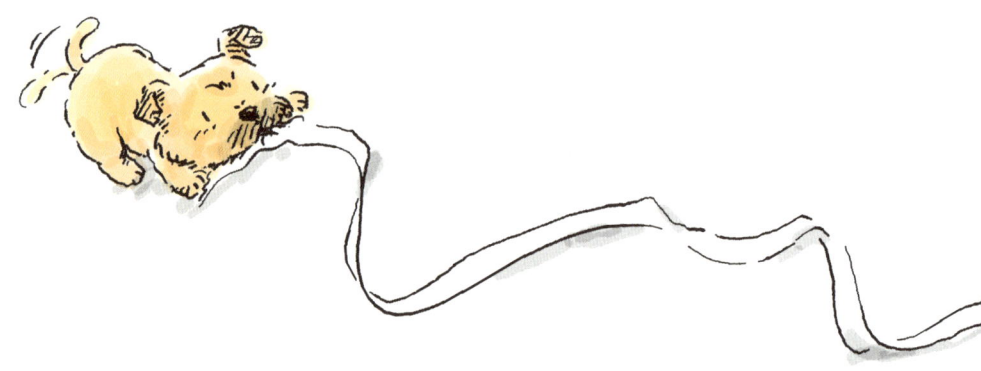

"어이구 속 터져! 자신 없으면 돌려 줘. 이게 뭐니? 집 안이 온통 이상야릇한 강아지 똥 냄새가 가득해! 너 강아지 목욕시켰지? 욕조에 강아지 털 좀 봐. 목욕을 시켰으면 뒷정리를 깨끗이 해야지! 드라이기 코드는 그냥 바닥에 축 늘어 놓고, 수건도 바닥에 뒹굴뒹굴……. 그리고 너! 분명히 네 방 네가 치운다고 했어, 안 했어? 완전히 전쟁터가 따로 없어. 네가 뱀이니? 여기저기 허물 벗듯 바지랑 속옷, 양말까지 줄줄이 벗어 놓게?"

나태한이 붕어빵을 목욕을 시키고 치우지도 않은 채 학원을 갔기 때문에 목욕탕이 엉망이 되었던 것이다.

엄마의 잔소리가 계속 이어졌다.

"참, 너 수학 숙제도 안 한다며? 아무리 생각해도 안 되겠어. 강아지 도로 돌려줘야지. 빵이, 이리 줘!"

"안 돼. 엄마, 잘못했어! 정말 미안해. 한 달 안에 붕어빵 배변 훈련을 성공시켜야 한다고 동물 병원 아저씨가 그래서 그거 신경 쓰느라……. 미안해, 엄마. 그리고 수학 과외는 아직 세 번 밖에 안 했잖아. 이번 한 번만 봐 줘. 앞으로는 정말 잘할게."

나태한은 엄마한테 붕어빵을 빼앗기지 않으려고 빵이를 꼭 안은 채 도망 다니면서 애원했다.

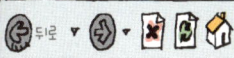  

 빵이 형아의 홈페이지

붕어빵 명견 만들기 대작전(10일째) 오늘의 기분 · 괴로움 ☁

이 주의 목표   붕어빵을 위한 훈련 시간표대로 생활하자!
이번 주의 훈련 내용   규칙적으로 똥오줌을 누게 한다.
                규칙적으로 사료를 먹게 한다.

붕어빵 녀석 가르치는 거 정말 힘듭니다.

그것만으로도 전 죽을 지경인데 엄마는 수학 과외에다가

방 청소까지 하라고 합니다.

매일매일 수학 문제 5개씩 풀고 이틀에 한 번씩 방청소를 하라니!

사실 강쥐 목욕시키고 화장실 데려가고 밥 먹이는 게 얼마나 힘듭니까?

그런데 엄마는 그것도 모르고 잔소리만 하십니다.

정말 세상엔 내 편이 하나도 없습니다. ㅜㅜ 우울해요.

▽ 덧글 N   ▽ 엮인글

🔺 아지사랑   님, 욕심이 많으세요. 겨우 열흘밖에 안 지났는데,
               님을 몰라 주는 엄마한테 서운하겠지만 참아요.
               자신의 이미지를 바꾸는 일이 그렇게 쉬우면 너무 재미없잖아요??
               '인내는 쓰다. 하지만 열매는 달다'라는 말이 있어요. 조금만 더 참고 노력하면 좋은 결과가
               있을 겁니다.

🔺 빵이 형아   아지사랑 님, 그래도 힘들어요. 그렇지만 인내의 열매가 얼마나 맛난지는 궁금하네요.^^

이렇게 하면 끈기가 솟아나요
나 자신을 이기는 힘

자꾸만 나의 계획이 지켜지지 않을 때는, 지금 나의 힘으로 할 수 없는 무리한 계획을 세운 것이 아닌지 돌이켜 보세요. 만일 그렇다면 지금 당장 내가 실천할 수 있는 계획으로 바꾸어 하루하루를 다시 시작해 보세요.

매일매일 해야 할 일들을 잘 실천하고 있다면, 스스로에게 작은 상을 주세요. 아껴두었던 초콜릿을 먹거나 좋아하는 옷을 입는 등 기분 좋아질 일을 해보세요.

어린이를 위한 끈기

나의 소망이 이루어질 것 같지 않아 마음이 슬프고 괴로울 때는, "나는 할 수 있다."는 믿음을 잃지 마세요. 마음속으로 "할 수 있다, 할 수 있다, 할 수 있다!"를 외쳐 보세요.

내가 이루고 싶은 간절한 소망을 그려 보아요. 일기장이나 공책에 적어 두고는 소망을 이루기 위해 해야 할 일들을 하나씩 적어 보세요.

나 자신을 이기는 힘
끈기

7. 포기하지 마!

'도대체 나보고 뭘 어쩌라고. 아, 몰라. 모든 게 힘들어!'
나태한은 어깨에 힘이 쭉 빠졌다.

    나태한은 붕어빵을 위한 훈련 스케줄 표를 만들어 벽에 붙여 놓았다. 언제 식사를 하고 언제 배변을 하는지 한눈에 알아보기 위해서였다. 표를 만들어 놓고 며칠이 지나니까 언제 화장실에 데려가야 할지 알 것 같았다.
    "앗, 붕어빵 화장실 갈 시간!"
    나태한은 일어나자마자 화장실로 허둥지둥 향했다. 방문 여는 소리에 붕어빵이 고개를 반짝 쳐들었다.

"야, 붕어빵! 빨리."

나태한은 강아지가 볼일을 보기 전까지 화장실 문을 다시 열어 주지 않기로 했다. 그리고 아무 데서나 일을 보면 그 즉시 야단을 치기로 했다. 그래서 신문지로 돌돌 말은 몽둥이를 가지고 화장실로 들어갔다. 그러다 안쓰러운 마음에 붕어빵을 내보내 주곤 했는데, 그러면 안 된다는 사실도 알게 되었다.

나태한이 붕어빵을 부르자 붕어빵은 쪼르르 화장실 쪽으로 달려왔다. 나태한은 붕어빵이 화장실로 들어오자 문을 닫았다.

"붕어빵, 이 형아도 여기서 눌 테니까 너도 여기서 눠, 알았지?"

그러면서 나태한은 오줌을 누는 동안 힐끗거리며 붕어빵을 관찰했다.

드디어 나태한이 노력한 보람이 있었다. 붕어빵이 화장실에 펴 놓은 신문지 위에 오줌을 시원스럽게 누는 것이었다.

"아싸, 그래! 우리 귀여운 붕어빵, 아주 잘했어!"

나태한은 신이 나서 옷을 제대로 추키지도 않고 환호성을 지르며 뛰어나왔다. 이내 엄마 아빠에게 소리치며 호들갑을 떨었다.

"엄마! 아빠! 붕어빵이 화장실에서 오줌을 눴어요!"

아빠가 안방 문을 열고 나오더니 한껏 기지개를 켜면서 못 믿겠다는 얼굴로 말했다.

"그래? 겨우 한 번 가지고 호들갑은."

"에잇, 뭐든지 시작이 중요한 거죠. 그렇죠, 엄마?"

그러나 슬리퍼 끄는 소리를 내며 부엌에 들어간 엄마는 퉁명스럽게 대꾸했다.

"글쎄다. 나태한은 언제나 시작은 좋았던 거 같은데, 끝까지 하는 걸 못 봤으니, 빵이도 너 닮았으면 좀 두고 봐야지 않겠니?"

'칫, 아빠 엄마는······.'

나태한은 섭섭한 마음에 기운이 빠져 그 자리에 주저앉았다.

'휴, 그래도 다행이야. 아저씨와 약속한 한 달을 넘기지 않아서.'

붕어빵이 쪼르르 달려 나와 나태한 곁에서 꼬리를 살랑거렸다. 나태한은 손을 내밀어 머리를 쓰다듬었다. 그러자 붕어빵이 발랑 드러누워 애교를 부렸다. 나태한이 시원스레 배를 긁어 주자 붕어빵은 기분이 좋은 듯 선홍색 혓바닥을 내밀었다.

"빵아, 붕어빵. 정말 앞으로 계속 화장실에서 눠야 해, 알았지! 이 형아 체면 좀 구기지 말아 주라."

나태한은 정만수 원장한테 붕어빵이 화장실에서 오줌을 눈 소식을 알리고 싶어 학교 가다 말고 동물 병원 문을 두드렸다. 그러나 아직 병원 문은 굳게 잠겨 있었다. 유리창 가리개 너머로 강아지 몇 마리만 보일 뿐이었다.

나태한은 신이 나서 학교에 가서도 하루 종일 벙실거렸다. 점심 급식으로 싫어하는 시금치가 나왔는데 그것까지 깨끗하게 먹어 치웠다.

"나태한 너는 뭐가 좋다고 하루 종일 입이 귀에 걸렸냐?"

나태한은 경솔해가 시비를 걸어 와도 갑자기 너그러운 마음이 생겼다.

"응, 우리 강아지가 드디어 화장실에서 볼일을 봤거든."

"똥개가 아니라면 진작 그랬어야지."

"붕어빵은 똥개가 아니야. 게다가 우리 강아지는 아직 아기라구. 너는 뭐 아기 때부터 화장실에서 볼일 봤냐?"

그 말에 경솔해도 공감했는지 더 이상 대꾸하지 않았.

한참 있다가 나태한이 경솔해 등을 콕콕 찍으며 물었다.

"야, 경솔해. 근데 너네 강아지는 뭐 먹이냐?"

그러자 경솔해가 도도한 표정을 지으며 대답했다.

"우리 짱이는 사료만 먹여."

"그래? 나도 사료만 주는데, 사람 먹는 거는 언제부터 먹이냐?"

"먹이면 안 돼. 사료가 깔끔하고 좋아. 사람 먹는 거랑 똑같은 것을 먹이면 똥 냄새도 지독해지고, 이빨도 만날 닦아 줘야 해. 안 그러면 냄새가 심해. 또 사료에는 필요한 영양이 골고루 들어 있어서 강아지의 건강을 생각하면 사료가 최고지. 게다가 자꾸 사람 먹는 음식을 먹이다 보면 나중에는 사료를 안 먹으려 할 거야."

경솔해는 강아지 척척 박사같이 말했다.

"그래? 넌 강아지 훈련은 어떻게 시키니?"

"훈련시킬 때는 상으로 소시지를 줬어. 그랬더니 훈련 효과도 더 좋더라."

모처럼 나태한과 경솔해가 싸우지 않고 대화를 나눴다. 보고 있던 성의택도 신기했던지 장난기가 발동했다.

"헤헤, 애들이 싸우다 정들었나 보네. 이러다 두 사람 사귀는 거 아니야?"

그러자 경솔해가 발끈했다.

"말 같은 소리를 해야지. 흥."

그러면서 샐쭉해져서 앞을 보고 앉았다. 나태한도 괜히 무안해져서 말했다.

"야, 그만해라. 하나도 안 웃겨."

어린이를 위한 끈기

그러자 성의택은 정색을 하며 말했다.

"녀석 진짜 까칠하게 구네. 그러니까 더 이상하다."

나태한이 다시 흘겨보자 성의택은 알았다는 듯 고개를 끄덕이더니 한쪽 손으로 나태한의 머리를 장난스럽게 헝클어 놓았다.

갑자기 경솔해가 뒤를 돌아보며 쏘아붙였다.

"정말 유치해서 못 들어 주겠네. 그리고 나태한, 너네 개는 똥개라서 소시지로 훈련해도 제대로 되려나 모르겠다!"

"야, 경솔해. 너 정말!"

나태한은 말을 내뱉고 나서도 계속 화가 났다.

생각할수록 화가 났지만 붕어빵이 피우는 재롱을 생각하며 집으로 돌아갔다.

"악!"

나태한은 현관문을 열자마자 놀라서 비명이 저절로 튀어나왔다. 집 안이 온통 전쟁을 치른 것처럼 난장판이 되어 있었다.

쓰레기통은 속을 보이면서 쓰러져 오물을 쏟아 놓았고, 엉망으로 찢겨진 신문 조각들은 여기저기 흩어져 있었다. 아빠의 구두 한 짝과 나태한의 운동화 한 짝이 거실 복판에서 뒹굴고 있었다.

 붕어빵의 사료 접시는 엎어져서 식탁 밑에서 나동그라져 있었고, 방석 옆에는 화분이 쓰러져 흙이 묻어 있었다.

 더욱 기가 막힌 일은 소파 밑에 붕어빵이 싼 똥이 널브러져 있다는 거였다.

 "안 돼!"

 나태한은 양손으로 머리를 감싼 채 비명을 질렀다.

 아침에 있었던 일로 기쁨에 들떠 있던 나태한은 온몸에 힘이 쭉 빠졌다. 붕어빵은 나태한의 바짓가랑이에 매달려 재롱을 부렸다. 나태한은 자신도 모르게 한쪽 다리에 매달려 있는 붕어빵을 힘껏 뿌리쳤다.

"깨깽······."

붕어빵이 바닥에 뒹굴면서 나자빠졌다.

"내가 미쳐, 그러니까 네가 똥개 소리나 듣지! 너 똥개지, 똥개 맞지?"

나태한은 붕어빵을 향해 냅다 고함을 쳤다. 그러자 붕어빵은 아예 소파 밑으로 숨어 버렸다.

"끙끙······."

붕어빵이 소파 밑에서 나오지 못하고 앓는 소리를 냈다.

나태한이 거실 가운데에서 뒹굴고 있는 아빠의 한쪽 구두를 집어 들었다. 이빨 자국이 나 있었다. 나태한 운동화 솔기는 너덜너덜 뜯겨져 있었다.

"야, 정말. 붕어빵, 너! 똥은 저기 화장실에다 싸는 거라고 했잖아. 이 구두는 아빠 구두란 말야. 네 장난감이 아니라고!"

나태한은 화를 내다가 이내 한숨을 쉬고 포기해 버렸다.

'어휴, 난 모르겠다.'

하필 그때 수학 선생님이 초인종을 눌렀다. 수학 선생님은 집 안을 한 번 둘러보더니 기겁을 했다.

"어머, 정신없어. 전쟁 난 거 같네. 이래 가지고 공부가 되겠어?"

"난 몰라요. 붕어빵 녀석이 그랬어요!"

나태한이 수학 선생님에게 퉁명스럽게 대꾸했다.

나태한은 멍하고 의욕 없는 얼굴로 식탁에 앉아 수학 선생님의 설명을 들었다. 그러다 보니 수학 문제도 대충 풀게 되었다. 정답이 나올 수가 없었다.

그 사이 붕어빵은 느긋하게 돌아다니면서 말썽을 부렸다. 소파 밑이며 탁자 밑도 들락날락, 나태한과 수학 선생님 발밑에서 장난도 쳤다.

나태한은 붕어빵에게 신경 쓰지 않으려 했지만 자꾸 눈길이 붕어빵 쪽으로 쏠렸다. 갑자기 수학 선생님이 화를 버럭 냈다.

"나태한, 왜 이렇게 집중을 못해? 집중을 해야지, 집중을!"

나태한은 고개만 숙인 채 아무 말도 못했다. 그러자 수학 선생님은 한숨을 푹 내쉬며 말했다.

"강아지 때문에 그래? 참, 너 숙제는 했어? 매일매일 다섯 문제씩 풀어 놓기로 했잖아. 선생님이 무리한 부탁을 했어? 다섯 문제는 네가 정한 숫자 아니니? 자신이 정한 약속도 못 지키면서 어떻게 하겠다는 거니? 오늘은 여기까지 할게. 다음에 왔을 때는 달라진 모습을 보여 줘."

수학 선생님은 잔뜩 화가 난 얼굴을 하고는 휑하니 나가 버렸다.

'도대체 나보고 뭘 어쩌라고. 아, 몰라. 모든 게 힘들어!'

나태한은 어깨에 힘이 쭉 빠졌다. 그래서 영어 학원도 가지 않고 침대에 그대로 엎드려 버렸다. 붕어빵이 옆에 와서 바동거려도 모른 척했다.

저녁밥을 지으러 집으로 들어온 엄마가 나태한을 부르며 소리쳤다.

"너, 영어 학원 안 갔어?"

나태한은 그냥 시큰둥해져서 들은 척도 안 했다.

"나태한, 집 안 꼴 좀 봐. 화장실이며 거실이며 붕어빵인지 국화빵인지 하는 녀석 때문에 더러워 죽겠어! 네가 책임지겠다고 해 놓고 이게 뭐야. 그럼 그렇지, 무슨 약속은 얼어 죽을 약속이야? 지키지도 못할 줄 알았어. 네가 뭘 끝까지 하는 게 있니? 강아지 당장 돌려줄 테니 그렇게 알아."

순간 나태한에게도 붕어빵을 돌려주어도 상관없을 거라는 생각이 들었다.

'몰라, 돌려주든 말든. 바보 같은 똥개 녀석!'

현관문 여닫는 소리가 들렸다. 나태한은 화들짝 놀랐다. 혹시 정말로 엄마가 붕어빵을 동물 병원 아저씨한테 돌려주는 게 아닐까 하고 벌떡 일어나 문을 열었다. 정말로 붕어빵이 보이지 않았다.

나태한은 잠깐 망설이다가 허둥지둥 동물 병원으로 내려갔다.

순간 나태한은 붕어빵의 망글망글한 눈동자, 까만 콩처럼 반질반질한 코, 짧고 귀여운 누런 털, 앙증맞게 접힌 삼각형 모양의 귀, 반갑다고 흔들어 대는 소담스런 꼬리…….

나태한은 아무리 생각해도 붕어빵을 이대로 돌려줄 수는 없었다. 지금껏 함께 노력한 게 얼마인데, 경솔해한테 붕어빵이 똥개가 아니라는 것도 증명해야 할 텐데. 나태한의 마음이 거미줄처럼 복잡하게 얽혀 버렸다.

"안 돼요. 데려가면 안 돼요!"

나태한은 동물 병원 문을 열고 소리쳤다.

"붕어빵을 데려가지 마세요. 끝까지 약속을 못 지켜서 미안해요. 너무 힘들었어요. 정말 힘들었어요."

동물 병원에는 엄마 아빠가 정만수 원장이랑 붕어빵을 바라보면서 이야기를 나누고 있었다.

아빠는 큰 기침을 한 번 하고는 동물 병원을 나가 버렸다. 엄마

어린이를 위한 끈기

도 이내 아빠를 따라 나가 버렸다.

정만수 원장은 나태한을 한참 바라보더니 심각한 얼굴로 물었다.

"엄마 아빠가 너를 못 믿겠다는데 어떡하니? 나도 그렇고 말이다. 네 딴에는 노력한 모양인데 다른 사람 눈에는 그렇게 보이지 않으니 어쩌지?"

나태한은 눈물로 얼룩진 얼굴로 정만수 원장을 바라보며 물었다.

"어떻게 하면 저를 믿어 주실 건데요?"

정만수 원장은 한참 동안 생각을 하더니 말했다.

"글쎄, 이제 너를 못 믿겠는 걸. 미안하지만 붕어빵은 포기해라."

정만수 원장이 차갑게 돌아섰다.

"아저씨, 잘못했어요. 정말로 다시 한 번만 기회를 주세요!"

그러자 정만수 원장이 나태한과 붕어빵을 번갈아 바라보더니 말했다.

"그럼, 끈기 있는 모습을 보여다오. 음, 이렇게 할까? 이번 친목계 모임에서 가는 지리산으로 등반을 가는데 네가 산 정상에 오르는 거야. 그러면 네가 강아지를 키울 만큼 끈기 있는 아이라는 걸 인정해 주지."

나태한은 눈물을 훔치며 물었다.

"지리산이요? 높아요?"

정만수 원장은 고개를 끄덕이며 걱정스럽게 말했다.

"응, 아주 높아. 그 몸으로 오를 수 있겠어? 넌 조금만 움직여도 숨차 하는 거 같은데."

나태한은 굳게 결심한 얼굴로 말했다.

"해보겠어요."

나태한은 언제나처럼 큰 소리를 치고 속으로는 걱정을 했다.

그러고는 붕어빵을 가슴에 꼭 껴안고 집으로 올라왔다. 방으로 들어가서 얼른 거울 앞에 섰다. 윗옷을 들어 배를 보았다. 볼록 튀어난 배가 한눈에 들어왔다. 휴, 하고 한숨이 먼저 나왔다.

빵이 형아의 홈페이지

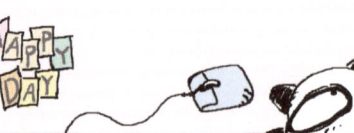

붕어빵 명견 만들기 대작전(15일째) 오늘의 기분 · 힘내자!

이 주의 목표	붕어빵과 함께 달리기를 하자!
이번 주의 훈련 내용	아침마다 동네 공원 10바퀴씩 뛴다. 저녁에는 계단 오르내리기 1번씩 한다.

'미운 정이 고운 정보다 무섭다.'는 말을 이제 알겠습니다.

님들(아무래도 아지사랑 님 밖에 없는 것 같지만 ㅋㅋ)은 그동안 빵이 때문에 제가 얼마나 속상했는지 아시죠?

이번에는 빵이 녀석이 집 안을 난장판으로 만들었습니다.

(수학 선생님이 그 꼴을 보고 기절하실 뻔했습니다. ㅡㅡ;;)

그래서 엄마 아빠가 막 화를 내시다가 빵이를 다시 동물 병원에 데려다 준다고 나가셨습니다. 그런데 막 눈물이 났습니다.

제가 빵이를 조금 더 잘 돌보았더라면 엄마 아빠가 그렇게 하지 않으셨겠죠.

빵이를 봐서라도 힘을 내야겠지요.

엄마 아빠랑 동물 병원 아저씨는 저한테 대실망하신 거 같아요.

아, 진짜 왜들 그래!! 나도 정말 할 만큼 하고 있단 말이죠!

∨ 댓글 N   ∨ 엮인글

⇧ 아지사랑 님, 정말 대단합니다. 전 님이 빵이를 포기하는 줄 알았어요. 지금까지 한 게 아깝지 않습니까? 포기하지 마세요, 님은 할 수 있어요! 홧팅, 아자아자!

⇧ 빵이 형아 내 홈페이지의 유일한 독자, 아지사랑 님 알라뷰~~!!

나 자신을 이기는 힘
끈기

8. 귀찮은 건 딱 질색이야

아, 공부하는 거, 운동하는 거는 진짜 싫고요.
생각하기도 귀찮고 가끔은 말하기도 귀찮습니다.
귀차니즘의 지존이죠. 나도 귀차니즘에서 탈출해야겠어용.

"야, 나태한!"

경솔해가 나태한의 이름을 크게 불렀다.

"숙제 다 했어?"

"뭔 숙제?"

"내내 이럴 줄 알았다니까! 하여튼 뭐든 제대로 하는 게 없어. 외래어 간판 조사하기!"

"누, 누가 모를 줄 알고! 했어. 나중에 국어 시간에 보여 줄게."

그러자 성의택이 나태한의 귀에 대고 속삭였다.

"정말 했어?"

나태한이 성의택을 향해 고개를 설레설레 흔들었다. 나태한은 국어 시간에 모둠별로 내 준 숙제를 깜빡 잊고 있었다. 경솔해, 성의택, 성실애가 같은 모둠이었다.

"어쩌려고!"

성의택이 나태한을 걱정스럽게 바라보면서 물었다.

"그리고 너 요즘 왜 자꾸 졸고 그러냐? 뭔 일 있어?"

나태한은 자꾸 하품이 나왔다. 졸음을 참으니까 눈도 발갛게 충혈되었다.

며칠 전부터 나태한은 저녁마다 붕어빵을 데리고 동네 공원에서 달리기를 하고 있다. 한 달 뒤에 지리산에 오르기 위해 체력을 튼튼하게 다져야 했다. 거기다가 지난밤에는 계단 오르내리기를 열 번도 넘게 했더니 온몸이 쑤시고 틈만 나면 잠이 쏟아졌다.

나태한은 경솔해 몰래 수첩을 꺼내 떠오르는 대로 가게 이름을 적어 보았다.

'우리 세탁소 이름부터 클리어 세탁. 또 길 건너편 해피 슈퍼마켓, 그 옆에 비어 호프. 아, 맞다. 미장원도 있었지! 이름이 자, 자

쓰리 헤어숍! 또, 에잇 더는 몰라. 생각이 안 나.'

나태한은 생각하는 것도 귀찮아 더 이상 손대지 않았다.

드디어 국어 수업이 시작되었다.

"자, 십 분 동안 시간을 줄 테니, 발표 방법을 정하렴. 순서는 이쪽 분단부터."

선생님이 나태한이 속한 분단을 가리켰다. 그나마 맨 끝줄이라 앞 세 팀이 발표할 동안 시간이 남아 있었다.

아이들이 웅성거리면서 의논을 하기 시작했다. 나태한이 속한 팀도 얼굴을 마주보고 앉았다. 나태한은 할 말이 없어 가만히 고개만 숙이고 있었다.

경솔해가 턱짓으로 나태한을 가리키며 말했다.

"우리 조는 네가 대표로 해!"

그러자 성의택이 나태한 눈치를 살피면서 말했다.

"야야, 태한이보다는 네가 잘하잖아. 그러지 말고, 경솔해 네가 해라."

"그래, 솔해야, 네가 목소리도 좋고."

성실애도 성의택의 말을 거들었다.

"뭐, 좋아. 나도 찬성!"

나태한이 경솔해와 눈동자를 마주치지 못하고 대답했다. 경솔해가 느닷없이 나태한 손에 들려 있는 수첩을 빼앗았다.

"그래? 네가 한 것부터 줘 봐."

너무 순식간에 일어난 일이라 아무도 말리지 못했다. 나태한도 당황해서 외쳤다.

"내놔! 안 내놔?"

나태한이 경솔해의 손에 들려 있던 수첩을 빼앗으려 손을 뻗었으나 이미 경솔해는 수첩에 적혀 있는 내용을 보고 말았다. 경솔해는 수첩을 도로 돌려주면서 혀를 끌끌 찼다.

"쯧쯧쯧, 내가 이럴 줄 알았다니까. 겨우 세 개 조사한 거야? 정말 한심하다. 너 정말 책임감 없고 게으르구나? 너 같은 애가 강아지는 어떻게 키우냐? 하긴 너네 강아지 똥개였지? 딱 좋네. 환상의 궁합, 똥개 형제!"

나태한은 자신도 모르게 경솔해의 멱살을 잡았다.

"뭐, 똥개 형제? 너 말 다했어?"

나태한은 한방 날리기라도 할 듯 경솔해의 얼굴에 주먹을 들이댔다. 순간 경솔해가 당황하는 눈빛이 역력히 드러났다. 때마침 선생님이 나태한의 팔을 잡았다.

"나태한, 무슨 짓이야?"

선생님이 말리지 않았다면 경솔해한테 주먹을 날렸을지도 모를 일이었다. 나태한은 분이 풀리지 않아 씩씩거렸다.

나태한은 수업 시간 내내 복도에서 손 들고 서 있어야 했다. 경솔해는 터져 나오는 울음을 그치지 못해 수업시간 내내 훌쩍거렸고, 결국 발표는 성실애와 성의택 남매가 나누어서 했다. 나태한은 벌 서는 내내 화가 나고 분해서 눈물이 났다.

'뭐냐, 둘이 싸웠는데, 왜 나만 벌을 서?'

수업이 끝날 때쯤 되어서야 나태한은 자리로 돌아와 앉으라는 허락을 받았다.

나태한은 경솔해 뒤통수를 흘겨보면서 씩씩거렸다.

'똥개 형제? 지네 개는 얼마나 잘나서!'

"나태한, 이리 와. 친구를 때리려고 했다며?"

세탁소 앞에서 아빠가 나태한을 기다리고 있었다.

"누가 그래요?"

"선생님이 놀라서 전화하셨더라. 순한 줄만 알았더니 깜짝 놀랐다고. 왜 그랬니?"

아빠가 나태한을 노려보며 물었다. 그러자 나태한은 머뭇거리기만 할 뿐 아빠의 물음에 선뜻 대답하지 못했다.

"그냥 묻지 마세요."

"창피한 줄은 아냐? 너보다 약한 친구한테 폭력을 쓰면 되겠니?"

"피, 약하긴요……. 알았어요."

나태한은 이내 말을 바꾸었다. 아빠의 잔소리가 길어질 것 같았기 때문이다.

나태한은 집으로 올라가는 계단을 밟으면서도 분이 풀리지 않았다.

'약한 상대? 말도 안 돼. 경솔해가 약하긴 뭐가 약해? 천하에 둘도 없는 독종.'

나태한은 어떻게든 경솔해의 코를 납작하게 만들어 주고 싶었다.

나태한은 고개를 설레설레 저으며 현관문을 열었다. 문을 열자마자 붕어빵이 방석에서 주춤거리며 일어나서 꼬리를 흔들었다.

"붕어빵!"

붕어빵이 느릿느릿 꼬리를 흔들면서 나태한에게 다가왔다. 나태한은 붕어빵을 보자마자 덥석 안고 볼을 마구 비벼 댔다.

"으그, 느림보 붕어빵!"

나태한은 방에 들어가서 붕어빵 훈련 스케줄 표부터 보았다.

요즘 붕어빵의 화장실 훈련은 자리를 잡아 가고 있었다. 그런데 붕어빵은 너무 게을렀다. 그래서 화장실을 한 번 데려가려면 엄청난 끈기가 필요했다. 마치 움직이기 싫다고 항의하는 것처럼 눈만 끔벅일 때도 있었다.

그나마 거실에 깔려 있던 카펫을 치우고 나서는 붕어빵이 거실에서 똥오줌을 싸는 횟수가 많이 줄었다. 그동안 카펫에 냄새가 배어서 붕어빵이 자꾸 화장실로 착각했던 모양이다. 나태한은 거실에서 붕어빵이 볼일을 보면 소독약까지 뿌려 가면서 냄새를 없앴다.

나태한은 시간을 맞춰 화장실에 데려갔고, 화장실에서 일을 보면 칭찬도 해주었다. 다른 곳에다 실수를 하면 신문지 뭉치로 바닥을 세게 내리쳐 야단도 쳤다. 풀 죽은 붕어빵의 모습을 보면 마음이 약해졌지만 꾹 참았다. 주인의 태도가 일정하지 않으면 강아지도 헷갈려 한다는 정보를 들었기 때문이었다.

나태한은 스케줄 표 위쪽에는 엄마가 붙여 놓은 메모를 발견했다.

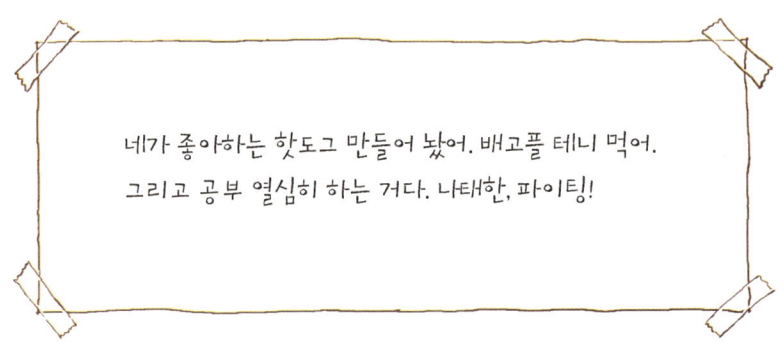

네가 좋아하는 핫도그 만들어 놨어. 배고플 테니 먹어.
그리고 공부 열심히 하는 거다. 나태한, 파이팅!

나태한은 핫도그를 먹다가 소시지를 보고는 문득 경솔해가 한 말이 생각났다. 소시지를 주어 강아지를 칭찬해 주면 효과가 좋다는 말…….

나태한은 용돈을 탈탈 털어서 붕어빵에게 줄 소시지 한 묶음을 샀다. 붕어빵이 훈련을 잘 마치면 비닐을 벗겨 소시지를 하나씩 던져 주었다.

그런데 소시지를 먹은 붕어빵이 설사를 하더니 토하기까지 했다. 나태한은 놀래서 붕어빵을 안고 정만수 원장에게 달려갔다.

정만수 원장은 기막힌 얼굴을 하며 나태한을 바라보았다.

"사람이 먹는 소시지를 강아지한테 먹였다구? 이렇게 어린 녀석한테!"

"우리 반 애가 강아지 훈련시킬 때 소시지를 먹이면 효과가 좋다고 해서요."

"야, 이 녀석아. 그래도 아저씨한테 물어봤어야지. 강아지용 소시지가 따로 있어."

"네?"

나태한도 놀라서 붕어빵을 내려다보았다.

"미안해. 붕어빵아. 나 때문에 많이 아팠지?"

정만수 원장은 붕어빵에게 주사를 놓고 간단한 치료를 해주었다. 그러고는 강아지용 소시지까지 한 봉지를 주었다.

"돈이 조금밖에 없는데."

"이거 아주 비싼데, 네 용돈으로 계산할 수 있겠어?"

나태한은 주머니를 뒤적여 천 원짜리 한 장을 꺼내어 내밀었다.

"저, 이거라도……."

정만수 원장은 웃으면서 돈을 받았다. 그러더니 다시 나태한의 어깨에 손을 얹고는 진지하게 물었다.

"좋아. 그런데 지리 산행 준비는 잘되어 가니? 강아지 훈련은 잘되어 가?"

"네. 네……."

나태한은 대답을 얼버무리고 서둘러 동물 병원을 나섰다. 나태한은 갑자기 마음이 답답했다. 무엇인지 모르게 뒤죽박죽 뒤엉킨 기분이 들었다. 정만수 원장과 한 약속이 제대로 지켜지고 있는 것인지 혼란스러웠다.

"몰라몰라……. 다 귀찮아."

하지만 붕어빵을 생각하자 나태한은 곧바로 정신을 차렸다. 그러고는 수학 선생님과 약속한 숙제를 하기 위해 책상에 앉았다. 그런데 자꾸만 졸음이 왔다.

'안 돼. 이번에도 못 하면……. 선생님께서 수학 문제도 계속 풀면 실력이 는다고 했지.'

나태한은 눈을 부릅뜨고 졸음을 참으면서 문제를 풀었다. 틀렸던 문제를 다시 푸는데도 생각처럼 쉽게 풀리지 않았다. 처음에는 문제를 풀면 풀릴 것도 같았는데, 계속 정답이 나오지 않자 그만 연필을 놓아 버렸다.

'에잇, 몰라.'

어린이를 위한 끈기

결국 나태한은 그냥 엎드린 채 이내 잠이 들어 버렸다.

나태한이 수학 연습장에 침을 질질 흘리고 잠들어 있는데, 초인종 소리가 울렸다. 수학 선생님이었다.

"태한이, 선생님이 내 준 숙제는 다 했어?"

"저……."

나태한이 머리를 긁적이자 수학 선생님은 나태한이 문제를 풀다 만 연습장을 내려다보면서 말했다.

"그래도 지난번보다는 낫다. 풀어 볼 생각이라도 했으니."

그러면서 씩, 웃어 주었다.

나태한은 머쓱해져서 그냥 머리만 긁적거렸다.

"앞으로는 정말 매일 하는 거다 다음엔 정말로 빠지지 않고 다 해 놓을 거지?"

"네."

나태한은 기어들어가는 목소리로 대답하고는 선생님과 손가락까지 걸고 약속을 했다. 그러면서도 속으로는 '선생님, 정말 힘들어요. 좀 봐 주시면 안 돼요?'라는 말이 목구멍까지 차올랐다.

나태한은 영어 학원을 다녀오자마자 저녁 밥도 먹지 않고 붕어빵을 데리고 집을 나섰다.

다시 마음을 단단히 먹었다. 붕어빵 훈련도 잘 시킬 수 있고 수학 공부도 열심히 할 거라고 그래서 언젠가는 경솔해의 코를 납작하게 해줄 거라고. 마음을 단단히 먹자 저절로 주먹에 힘이 들어갔다.

나태한은 운동을 마치고 가게에 들렀다. 땀을 많이 흘렸더니 목이 말랐다. 붕어빵도 힘들었는지 숨을 헐떡거렸다.

"기다려!"

나태한은 목줄을 전봇대에 매어 놓고 말했다. 그러나 느슨하게 묶은 목줄이 어느새 풀려 붕어빵은 가게 앞에 진열된 생선이랑 채소에 대고 킁킁대며 분홍색 혓바닥을 날름거렸다.

"아니, 이 녀석이!"

가게 아주머니가 붕어빵을 잡아끌면서 윽박지르고 있었다. 나태한은 얼른 생수병을 꺼내어 들고 뛰어나갔다.

"안 돼!"

나태한은 붕어빵의 입을 툭 치면서 눈을 무섭게 부릅뜨고 말했다. 붕어빵이 꼬리를 가랑이 사이로 감추고는 웅크린 채 낑낑거렸다.

요즘 붕어빵은 자꾸만 밥상으로 기어오르고 싶어 안달을 했다. 한 번은 식탁에 있는 계란찜까지 핥아서 엄마 아빠가 기겁을 한 적이 있었다.

"나태한! 붕어빵이 사람 먹는 밥상에 오르지 못하게 해. 이건 특명이다!"

그러다 보니 나태한이 붕어빵을 야단치는 횟수가 늘어났다.

나태한은 붕어빵을 데리고 집에 오자마자 붕어빵의 발을 닦아 주었다. 그러나 목욕을 시키려다 힘이 쭉 빠져서 그냥 소파에 벌렁 눕고 말았다.

'할 일이 왜 이렇게 많은 거야. 아, 힘들어 죽겠어. 붕어빵아, 너라도 이 형아를 도와주면 안 되겠니?'

 빵이 형아의 홈페이지

붕어빵 명견 만들기 대작전(30일째) 오늘의 기분 · 힘내자!

이 주의 목표	붕어빵이 밥상에 올라가지 말게 하라!
이번 주의 훈련 내용	밥상에 기어오를 때마다 소리를 지른다.
	그래도 안 되면 신문지 뭉치로 때린다.

붕어빵 녀석, 강쥐인지 돼지인지 모르겠습니다~~ 님들 개도 다 그렇습니까?
저 나름대로 사료 열심히 줍니다. 배가 통통해질 때까지 먹고는
왜 또 밥상을 기어올라가는 겁니까? 음식 냄새 안 날 때는
거북이처럼 엉금엉금 다니다가 냄새만 맡으며 정신을 못 차립니다.
그런데 솔직히 저랑 비슷하긴 합니다. ㅋㅋㅋ
저도 실은 밥 먹을 때만 열심이고 딴 일 할 때는 느릿느릿 하거든요.
아, 공부하는 거, 운동하는 거는 진짜 싫고요.
생각하기도 귀찮고 가끔은 말하기도 귀찮습니다.
귀차니즘의 지존이죠.
아무래도 붕어빵이 절 진짜 닮긴 닮은 모양입니다.
붕어빵 훈련시키면서 나도 귀차니즘에서 탈출해야겠어용.

▽ 덧글 N   ▽ 엮인글

🔹 아지사랑   앗, 찔림! 귀차니즘에 빠진 아지사랑ㅋㅋㅋ 우리 함께 귀차니즘에서 벗어납시당!
근데 님, 생각하는 게 귀찮다면서 요즘 생각이 많아지는 것 같은데요?

🔹 빵이 형아 우리는 귀차니즘 패밀리 ㅋㅋㅋㅋㅋ. 아, 그러고 보니 생각이 많아진 것도 같아요.

나 자신을 이기는 힘
끈기

9. 산 넘어 산

나태한은 자신이 바보같이 느껴져 울먹였다.
'이번에는 정말 다 열심히 해보려고 했는데.'

수학 경시 대회 전날이었다. 나태한은 자꾸만 쏟아지는 잠을 참으려고 허벅지를 꼬집었다. 그러다 책상 위에 꼬꾸라진 채 잠이 들고 말았다. 그런데 자꾸만 온몸이 떨리고 열이 올랐다. 나태한은 엉금엉금 기다시피 침대에 쓰러져 끙끙 앓았다. 그날따라 하필 엄마 아빠는 단체복 세탁을 마치고 밤늦게 들어왔다.

"나태한, 자니?"

엄마가 방문을 열고는 끙끙 앓고 있는 나태한을 보고 화들짝

놀라고 말았다.

"어머, 애가 왜 이래! 정신 차려 봐."

엄마가 나태한 몸을 이리저리 만져 보고 훑어보더니 걱정스런 목소리로 말했다.

"온몸이 불덩이야. 어머, 땀 좀 봐."

엄마는 걱정스런 목소리로 연신 중얼거렸다.

"이렇게 아프면 전화를 했어야지. 미련 맞기는!"

뒤늦게 올라온 아빠가 한 마디 덧붙였다.

"녀석, 어쩐지 무리한다 싶더니……."

엄마는 안쓰러운 마음에 울먹이며 아빠에게 하소연했다.

"여보, 애가 너무 무리했나 봐. 이런, 딱해서 어째."

"쯧쯧, 이 녀석 정말……. 업혀 봐."

아빠는 나태한을 등에 업고 병원으로 달렸다.

너무 늦은 시간이라 문을 연 약국도 없었다. 열이 펄펄 끓어올라 급히 병원 응급실로 갔다.

과로로 인한 몸살 감기였다. 푹 쉬면 나을 거라는 의사의 말에 아빠는 안도의 숨을 내쉬었다. 아빠는 링거를 맞고 누워 있는 나태한을 한참 동안 내려다보며 머리를 쓰다듬었다. 엄마도 물끄러미 나태한을 내려다보았다. 하지만 막상 나태한이 눈을 뜨자 아빠는 퉁명스럽게 말했다.

"너는 도대체 강단이 없어!"

나태한은 아빠한테 서운한 마음이 들어 눈물이 났다.

"이만한 일로 울긴 왜 울어!"

이번에도 아빠가 차갑게 말했다.

나태한은 자신이 바보같이 느껴져 울먹였다.

'이번에는 정말 다 열심히 해보려고 했는데,'

나태한은 밤새 응급실에서 링거를 맞는 바람에 학교에 갈 수

없었다.

새벽녘, 나태한은 엄마 아빠와 택시를 타고 집으로 돌아왔다.

엄마가 쑤어 준 죽을 먹고 약도 먹었더니 잠이 솔솔 와서 그대로 잠이 들었다. 평생 잘 잠을 한꺼번에 자는 것 같았다.

그렇게 푹 쉬고 나니 몸이 한결 가벼워졌다. 엄마가 방문을 열자 붕어빵이 쪼르르 달려왔다.

"웬일이냐, 형아가 보고 싶었구나. 붕어빵!"

나태한이 배시시 웃으며 붕어빵을 내려다보았다. 붕어빵이 침대 위로 뛰어오르려고 앞발로 침대를 긁어 댔다. 나태한은 누운 채로 손을 뻗어 붕어빵의 목덜미를 만져 주었다.

"얘, 일어날 수 있겠어? 죽 쑤어 놨는데, 가져다줄까? 참, 학교에는 오늘 못 간다고 전화했어. 마음 놓고 푹 쉬어, 알았지?"

나태한은 힘겹게 일어나 앉으며 말했다.

"정말요?"

나태한은 그 말을 듣고는 빙그레 미소를 지으며 생각했다.

'히. 아프니까 학교도 안 가고 공부도 안 하고, 우, 신난다. 며칠 더 아프고 싶다.'

나태한은 터져 나올 뻔한 웃음을 꾹 참았다. 그랬다간 엄마가 당장 꾀병이라고 난리를 부릴 것만 같았다.

　나태한은 화장실에 가려고 침대에서 다리를 내렸다. 다리가 후들거렸다. 온몸의 뼈들이 제 맘대로 움직이는 것같이 삐걱거리고 쑤셔 댔다.

　'와, 진짜 아프다.'

　나태한은 천천히 화장실로 걸어갔다. 붕어빵이 꼬리를 흔들며 나태한이 한걸음 뗄 때마다 달라붙었다.

　"붕어빵, 너 화장실은?"

　나태한은 화장실을 들여다보고는 씩 웃었다. 붕어빵이 신문지 위에 싸 놓은 오줌 자국이 한눈에 들어왔다.

　"잘했어, 붕어빵!"

　나태한은 붕어빵의 머리를 쓰다듬어 주려다 바닥에 벌렁 넘어지고 말았다. 쿵, 소리가 요란하게 났다.

　나태한은 아팠지만 자꾸 웃음이 났다.

　"잘했어, 잘했어!"

　나태한은 연신 붕어빵을 쓰다듬었다.

　"어머, 쟤 좀 봐."

　엄마는 어이없다는 듯 나태한을 보면서 웃었다.

이튿날 아침, 아빠가 진지하게 나태한에게 말했다.

"너 힘들면 그만 둬도 돼. 그 몸을 해서 어떻게 산에 가겠니. 지리산이 얼마나 높은데."

나태한은 아빠의 태도가 갑자기 변한 것 같아 놀라기도 했지만 왠지 자신을 생각해 주는 것 같아 기분은 좋았다.

옆에서 듣고 있던 엄마가 화들짝 놀라서 반대했다.

"그래도 운동 많이 한 덕분에 태한이 배가 많이 들어갔는데……. 많이 힘들어?"

"쓸데없는 소리. 뭐든지 지나치면 몸에 안 좋은 법이야."

"내 생각엔 산에 한 번 도전해 보는 것도 좋을 거 같은데. 엄마도 모르겠다. 태한이 네가 결정해라."

"네가 산행을 포기한다고 해서 붕어빵을 돌려보내지는 않아. 이번은 특별한 경우니까. 그러니까 도전하고 안 하고는 네 결정에 달렸어."

아빠가 단호하게 덧붙였다.

나태한은 은근슬쩍 이쯤에서 포기할까 하고 생각했다. 그런데 이상하게도 마음 한구석이 개운하지 않았다.

이틀이 지난 날, 나태한은 학교 가는 발걸음이 가벼웠다. 쉬고

났더니 얼른 학교로 달려가고 싶었다.

나태한이 교실 문을 열고 자리에 앉자 성실애 성의택 남매가 반갑게 맞아 주었다.

"많이 아팠나 봐. 홀쭉해졌네!"

"정말!"

성의택이 한 말에 성실애가 맞장구를 쳤다.

"꾀병이었지?"

그때 경솔해가 대뜸 말을 걸어왔다. 국어 시간에 한바탕 싸운 이후로 처음 걸어 오는 말이었다. 그런데 그 말이 꾀병이라니 나태한은 어이없다는 얼굴로 경솔해에게 쏘아붙였다.

"야, 경솔해. 난 네 뇌 구조가 궁금해. 어떻게 사람 속 긁는 얘기만 골라서 하지?"

"아니면 말구!"

경솔해가 무안했는지 콧방귀를 뀌더니 샐쭉한 얼굴로 돌아앉았다.

"기분 나빴으면 미안!"

경솔해가 들릴 듯 말 듯한 목소리로 새침하게 사과를 했다. 나태한은 경솔해가 뜻밖의 행동을 하자 성의택에게 턱짓을 보냈다.

성의택은 어깨를 한번 으쓱하더니 고개를 저었다.

때마침 선생님이 들어와 나태한을 보더니 반갑게 맞아 주었다.

"나태한, 진짜 많이 아팠나 보네. 살이 쏙 빠졌어."

"와와!"

그러자 아이들이 박수를 치면서 환호성을 보냈다.

나태한은 자신의 몸을 들여다봤다.

'그동안 내가 그렇게 뚱뚱했단 말이야? 옛날이랑 별로 차이도 없는데. 놀리는 거 아냐?'

이내 선생님이 수학 경시 대회 성적을 발표했다.

"이번 수학 경시 대회 최고 점수는 누구일까요?"

"경솔해요!"

"성실애요!"

경솔해와 성실애의 이름이 여기저기서 들려왔다. 경솔해도 성실애도 잔뜩 긴장을 하고 있는 눈치였다. 성의택은 관심도 없다는 듯 하품을 하고 있었다.

'보나마나 경솔해가 일등이겠지 뭐.'

나태한은 경솔해의 뒤통수를 노려보며 부러워했다.

"자자, 우리뿐만 아니라 전교에서 가장 높은 점수를 받은 사람은 바로바로 성실애! 올백이야! 금상을 받은 실애에게 축하의 박수!"

선생님이 박수를 치자 아이들도 책상을 치고 환호성을 울렸다. 옆에 앉은 경솔해가 고개를 푹 숙였다. 수학 경시 대회 일등은 늘 경솔해 차지였는데 성실애에게 빼앗긴 것이었다.

성실애는 경솔해 눈치를 보느라 선뜻 좋아하는 내색을 하지 못했다. 나태한은 일부러 경솔해에게 크게 들리도록 박수를 치고 책상을 두드려 댔다.

경솔해가 눈물을 머금은 얼굴로 나태한을 살짝 흘겨보았다. 나태한은 눈물을 머금은 경솔해를 보자 하던 동작을 우뚝 멈추고 말았다.

"그 다음 은상은 반장 노태수하고 지민우!"

이번에도 경솔해의 이름이 불려지지 않았다.

"다음은 동상. 와우, 여덟 명이나 되네. 여진숙, 경솔해, 민지수, 김민정, 성의택……."

성의택은 아슬아슬하게 자신이 이름이 불려지자 가슴을 쓸어내렸다.

"휴, 위기 탈출! 하마터면 엄마한테 죽을 뻔했네."

그러나 경솔해는 계속 고개를 숙이고 있었다. 아이들이 상을 타러 나가는데도 혼자만 나가지 않았다.

"솔해야!"

선생님이 경솔해를 불렀지만 경솔해는 눈물을 뚝뚝 흘리고 앉아 있었다. 어쩔 수 없이 짝꿍인 성실애가 경솔해의 상을 받아다 주었다.

똑같은 상을 받고도 성의택처럼 신이 난 아이들이 있는데, 경솔해는 잔뜩 풀이 죽어 있었다.

그러자 아이들이 수군거렸다.

"뭐야, 잘난 척이냐? 상 타고도 저렇게 우거지상이야? 못 탄 우리는 뭐냐. 치!"

'경솔해 녀석, 좀 안됐어.'

나태한은 처음으로 경솔해가 안쓰러운 생각이 들었다.

나태한은 집에 돌아가는 길에 정만수 원장에게 들렀다. 정만수 원장은 무척 바빠 보였다. 정만수 원장은 강아지 목에 커다란 뭔가를 씌워 주었다. 그 모습이 매우 우스꽝스러워 보였는데, 마치 강아지가 꽃처럼 보였다. 강아지가 상처를 핥을까 봐 씌워 주는 보호 장비였다.

나태한은 정만수 원장이 바쁜 일이 끝날 때까지 기다렸다.

"태한이 산에 안 가기로 했다며?"

정만수 원장이 손을 씻으며 나태한에게 물었다.

"네……."

정만수 원장은 코코아를 타서 나태한에게 내밀면서 다시 물었다.

"섭섭하지 않겠어?"

"잘 모르겠어요."

"어때? 배변 훈련 시키기 힘들지 않았니? 끈기가 없으면 힘든

일인데, 잘 해내고 있는 거 같은데. 이번에는 기다려 훈련을 시켜 보는 건 어때?"

"저 사실 아직……."

나태한이 자신 없게 대답하자 정만수 원장이 실망스러운 얼굴로 말했다.

"뭐야? 왜 이렇게 자신감이 없어. 잘하고 있는 거 같은데 용기를 내야지. 참 아팠다구? 지금은 괜찮니?"

"네."

나태한은 조심스럽게 고개를 끄덕였다. 정만수 원장은 나태한을 뚫어져라 쳐다보면서 진지하게 다시 말했다.

"조금 아팠다고 그만 두면 글쎄 앞으로 우리 태한이가 할 수 있는 일이 뭐가 있을까? 뭐, 판단은 네가 하는 거니까. 아빠도 널 힘들게 하지 말라고 하는데, 내가 뭐라고 하겠니. 다음 주말이 산에 가기로 한 날이니까 갈지 말지는 네가 알아서 해."

나태한은 동물 병원을 나서면서 계속 생각했다.

'와, 산 넘어 산이라더니. 왜 이렇게 할 일이 많은 거야.'

나태한은 느리적느리적 집으로 돌아갔다. 그리고는 붕어빵을 보자마자 번쩍 안아 올렸다.

"붕어빵, 이 형아가 어떻게 하면 좋겠니?"

붕어빵이 꼬리를 살랑살랑 흔들면서 나태한 얼굴을 핥으려고 혓바닥을 날름거렸다.

붕어빵 명견 만들기 대작전(35일째)   오늘의 기분 · 고민

한동안 아파서 글을 올릴 수가 없었습니다.
아침에 붕어빵이 화장실에다 오줌을 쌌습니다.
내가 화장실에 데려간 것도 아닌데…… 이렇게 뿌듯할 수가. 유후~~! ^^
그런데 아빠가 이제는 지리산을 오르지 않아도
강아지를 키울 수 있게 해준다고 하셨습니다.
제가 좀 아팠거든요.
님들도 아시다시피 제가 얼마나 고생했습니까?
처음에는 진짜 편하고 좋을 것 같았는데, 마음 한구석이 불편한 겁니다.
대체 왜 이러는 건지…….
지리산에 가려고 열심히 운동하고 있었는데요. 가야 하나, 말아야 하나.
님들, 어떻게 할까요? 아, 정말 고민된다~

▽ 댓글 N   ▽ 엮인글

↑ 아지사랑   님, 정말 고민되시겠어요. 찬찬히 생각해 보세요.
          이제는 힘들이지 않아도 되는데, 왜 자꾸 갈등이 생기는 걸까요?
          힘들여 노력하는 것이 귀찮고 싫은 일만은 아니라는 생각이 드는 건 아닌가요?
          어느 쪽을 택하든 님의 자유이지만 후회할 선택은 하지 마세요.

↑ 빵이 형아   아지사랑 님, 어려워요. ㅜㅜ

이렇게 하면 끈기를 나눌 수 있어요
나 자신을 이기는 힘

학교에서 왕따를 당하거나 수줍음이 많아 잘 어울리지 못하는 친구에게 먼저 다가가 보세요. 처음 한두 번은 어색하겠지만, 끈기 있게 다가가 인사하면 그 친구도 마음을 열어 받아 줄 거예요. 또 친구는 끈기 있는 모습에 신뢰감을 느낄 거예요.

자신의 목표를 이루고 싶어 하는 친구와 함께 해야 할 일을 정리해 보아요. 하루하루 목표를 지키고 있는지 함께 점검해 나가면 혼자 하는 것보다 훨씬 쉽답니다.

어린이를 위한 끈기

나에게 잘못을 한 친구에게 잘못한 점을 친절히 알려 주고, 친구가 달라질 때까지 기다려 주세요. 친구가 같은 잘못을 자꾸 하더라도 쉽게 화내지 마세요. 끝까지 기다리지 못해서 좋은 친구를 잃을 수도 있답니다.

중간에 목표를 포기하려는 친구에게 "친구야, 할 수 있어! 힘 내!" 하고 응원의 메시지를 보내 보세요. 격려하는 말을 직접 건넨다면 더욱 좋겠지요?

나 자신을 이기는 힘
끈기

10. 넌 할 수 있어!

찬 바람에 퍼뜩 정신이 들어 나태한은 주먹을 불끈 쥐었다.
'나태한, 침착해야 해. 침착! 바보처럼 울지 마. 그럼, 나태한! 할 수 있어.'

"장기 자랑 뭐 할 거냐?"

수업 끝나고 책가방을 챙기면서 성의택이 나태한에게 물었다.

"장기 자랑?"

"다음 달에 학예회 있잖아."

"글쎄. 넌 뭐 정한 거 있어?"

"응, 우리 남매는 마술쇼 하기로 했어. 기대되지?"

성실애가 성의택에게 살짝 눈짓을 하면서 팔꿈치로 툭 쳤다.

"앗, 말하면 안 되는데."

그래 놓고 성의택은 성실애가 나가자마자 귀엣말로 나태한에게 속삭였다.

"엄마가 학예회 준비하라고 마술 학원까지 보내신다."

성의택은 한숨을 내쉬었다. 그러더니 이내 갑자기 생각난 듯 박수를 치면서 말했다.

"야야, 기발한 생각! 너랑 경솔해랑 같이 강아지 쇼를 하는 건 어때?"

"누구랑?"

나태한은 기막힌 얼굴을 하고는 성의택을 노려보았다.

"말도 안 되는 소리 하지 마!"

경솔해도 벌떡 일어나더니 성의택을 한껏 노려보고는 나가 버렸다.

나태한은 '강아지 쇼'라는 말에는 솔깃했다. 그러나 이내 고개를 저었다.

'강아지 쇼? 재밌겠는데. 하지만 아무리 강아지 쇼가 하고 싶어도 경솔해랑은 안 하지.'

드디어 정만수 원장과 약속했던 지리산 가는 날이 다가왔다.

나태한이 아침부터 등산복을 찾아 입었다. 다행스럽게도 엄마가 미리 준비해 놓은 것이 있었다.

"안 가도 된다."

아빠가 걱정스럽게 말했다.

"아냐, 갈래. 가고 싶어. 지리산 꼭대기에 올라갈 거야."

아빠는 이내 웃으면서 말했다.

"네가 웬일이냐. 스스로 힘든 일을 하겠다고 나서고. 허허, 별일일세."

정만수 원장이 등산복을 차려 입고 나온 나태한을 보자마자 소리쳤다.

"잘 생각했다! 우리 태한이 역시 최고야!"

나태한은 쑥스러워서 얼굴이 발그레해졌다.

나태한은 세탁소와 동물 병원 앞 도로에 서 있는 관광 버스로 올라섰다. 지리산으로 떠날 버스였다. 관광 버스 안에는 모두 어른뿐이었다.

순간 나태한은 성의택이 떠올랐다.

'의택이한테 같이 가자고 할까? 녀석은 운동을 좋아하니까 지리산 오르는 것쯤은 끄떡없을 거야.'

아침 7시였지만 해가 늦게 뜨는 바람에 어둑어둑했다. 나태한은 얼른 집으로 뛰어올라가 수화기를 집어 들었다.

"여보세요."

잠에 취한 성의택 엄마 목소리였다. 순간 나태한은 끊을까 말까 고민하다가 더듬거리며 물었다.

"안, 안녕,하세요. 너너, 무무 일찍 죄송하, 한데요. 저 나태한인데요. 의태,택이 있어요?"

"어머, 얘. 지금 몇 시니? 지금 의택이 자는데, 급한 일이니?"

"아, 죄, 죄송하,합니다. 저, 그그럼."

"아니다, 잠깐 기다려 봐."

그러나 뜻밖에도 한참 뒤에 들려오는 목소리는 성의택이 아닌 성실애였다.

"여보세요."

"태한아, 의택이는 깨워도 안 일어나. 걘 한 번 깊이 잠들면 누가 업어 가도 모르거든, 근데 무슨 일 있어?"

"아무것도 아냐."

그때 전화기 너머로 하품을 하면서 구시렁대는 성의택 엄마의 목소리가 들려왔다.

"나태한이라면 그 게으른 애 말이지? 의택이는 어디서 친구라고 꼭 그런 애를 사귀니? 좀 제대로 된 녀석을 사귀면 어디 덧나나?"

그러자 성실애가 무안해져서 엄마를 나무랐다.

"엄마, 쉿! 다 들려."

"아주 게으른 녀석들끼리 잘 만났네 잘 만났어. 어울려 놀지들 못 하게 해야지 원."

문을 꽝, 닫는 소리가 들렸다.

나태한은 망치로 뒤통수를 한 대 얻어맞은 느낌이었다. 성실애가 수화기를 막고는 있었지만 성의택 엄마의 목소리는 아주 강력하게 전화기 속으로 빨려 들어가서 나태한의 귓전에서 맴돌았다.

"태한아!"

나태한은 성실애에게 말할 틈도 주지 않고 수화기를 얼른 내려놓았다.

'뭐야, 정말 기분 나쁘네. 나보고 게으른 애라고?'

나태한은 오물을 뒤집어 쓴 기분이었다. 기분이 상할 때로 상했다.

관광 버스는 다섯 시간을 줄곧 달렸다. 나태한은 휴게실에 내

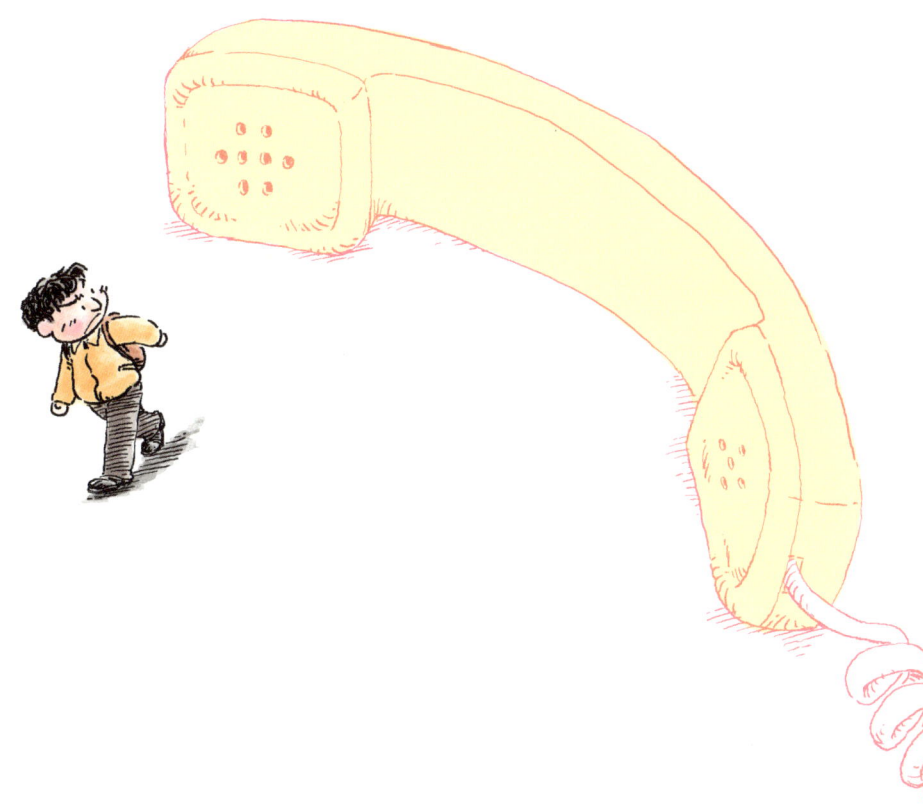

리자마자 토하고 말았다. 토하고 나니까 온몸에 힘이 쭉 빠지고 다리가 후들후들 떨렸다.

　아빠는 나태한의 등을 두드려 주며 안쓰럽게 바라보았다. 그때 정만수 원장이 다정하게 말을 걸었다.

　"태한아, 힘들지? 하지만 언젠가는 지금 이 순간도 멋진 추억이 될 거야."

그러나 나태한은 너무 힘이 들어서 그 말이 마음에 와 닿지 않았다.

'힘들어 죽겠어, 다 귀찮다고. 뭔 추억이야, 추억은!'

버스는 함양, 산청을 지나 중산리에 무려 여섯 시간이나 걸려서 도착했다. 등산 일정을 중산리에서 점심 식사를 하고 로터리 산장으로 올라가고, 로터리 산장에서 새벽 일출을 보러 천왕봉에 오른다는 계획이었다.

나태한은 입맛이 돌지 않아 젓가락만 휘젓고 말았다. 아빠가 산나물을 집어 나태한의 밥 위에 올려놓으며 퉁명스럽게 말했다.

"먹어 둬. 안 그러면 힘들어."

"그래, 태한아. 잘 먹어 둬야지. 앞으로 가야 할 길이 멀고 험하단다."

나태한은 정만수 원장의 말에 기가 팍 꺾였다.

'휴, 여기까지 온 것도 힘든데……'

드디어 가득 찬 배낭을 메고 산행이 시작되었다. 나태한의 배낭도 가득 차 있었다. 중산리 식당에서 산 도시락이랑 물, 엄마가 싸 준 방울토마토랑 초콜릿, 냉장고에서 한 움큼 집어 온 소시지.

거기다 아빠가 챙겨 준 스포츠 이온 음료까지 가방이 빵빵해졌다.

두류동 매표소를 지나 도로를 따라 약 십오 분 정도 천천히 올라가자 등산로의 출발점이 나왔다. 등산로가 엇갈리는 입구에는 계곡물이 시원스럽게 흐르고 있었다.

나태한은 막상 산에 들어오니 언제 토했나 싶게 몸이 개운해졌다.

울긋불긋 요란한 색채를 뽐내는 이파리들이 파르르 온몸을 떨면서 땅으로 떨어져 내려앉았다. 늦가을 나무들이 가을과 겨울의 길목에서 몸부림치는 것 같았다. 이내 시원스럽고 달짝지근한 산 내음이 온몸에 배어 들었다. 한 걸음 뗄 때마다 바스락거리는 낙엽소리가 음악처럼 신선하게 들렸다.

시간이 좀 흘렀다. 이제는 한 걸음, 두 걸음 가파른 산을 오를 때마다 온몸의 감각들이 제각기 따로따로 움직이기 시작했다. 점점 호흡도 가빠졌다.

'겨우 한 시간 올라왔는데. 앞으로 얼마나 더 가야지?'

나태한은 참지 못하고 저만치 앞서가는 아빠를 불렀다.

"아빠!"

아빠가 나태한이 있는 쪽으로 바싹 다가왔다.

"왜 그러냐? 내려가고 싶어?"

아빠가 물었다. 그러자 뒤따라오던 정만수 원장이 아빠를 불렀다. 두 사람이 뭐라고 속닥거리더니 아빠가 이내 앞서 걷기 시작했다.

"아빠!"

나태한이 애처롭게 불렀지만 아빠는 한쪽 손을 번쩍 들면서 따라오라고 손짓만 할 뿐이었다. 또다시 큰 소리로 아빠를 불렀다. 그러나 아빠는 이번에는 뒤도 돌아보지 않고 앞서 가 버렸다.

"뭐야? 아빠 맞아!"

나태한은 울먹이면서 아빠의 뒷모습을 노려보았다. 어느새 정만수 원장도 저만치 앞서 걸으면서 나태한을 향해 소리쳤다.

"태한아, 힘내! 조금만 걸으면 돼! 힘내라 힘!"

그러더니 계속 앞서 걷기 시작했다.

나태한은 눈물이 나려는 것을 꾹 참았다. 그리고 한발 한발 힘주어 따라 올라가기 시작했다. 아는 사람이라곤 아빠랑 동물 병원 아저씨뿐인데 먼저 앞서 가 버리자 세상에서 버림 받은 기분이 들었다.

"흥, 내가 없어져도 좋아? 난 다 귀찮아서 포기해 버릴 테다!"

나태한은 너럭바위에 걸터앉아 숨을 골랐다.

배낭에서 엄마가 싸준 방울토마토를 꺼내 먹고, 초콜릿도 먹고, 소시지도 먹었다. 설마 아빠가 혼자 올라가겠나 싶어 늑장을 부렸다.

그런데 아빠는 기다려 주지 않았다. 믿었던 정만수 원장도 가 버렸다.

'진짜 너무해. 모두 가 버린 거야?'

드문드문 올라가던 등산객도 보이지 않자 나태한은 불안해졌다. 그래서 서둘러 배낭을 챙겨 아빠가 올라갔던 쪽으로 급하게 따라갔다. 군데군데 크고 작은 바위가 있어서 조심해서 올라가야 했다. 그래도 사람들이 보이지 않자 마음이 더 다급해지고 가슴이 쿵쾅거리기 시작했다.

나태한은 급하게 언덕을 오르다 그만 발을 헛디뎌 굴러 떨어지고 말았다. 그다지 높은 곳은 아니었으나 중심을 잡으려다 그만 발목을 접질렸다. 게다가 잔 가지에 옆구리를 찔려 점퍼가 찢어지고 말았다. 두툼한 점퍼라 피부까지 다치지는 않았지만 옆구리가 제법 쿡쿡 쑤셔 왔다.

"아빠……."

나태한은 일어나려다 말고 바위에 기대어 울먹였다.

자신을 버리고 가 버린 아빠가 너무 야속했다.

"뭐야, 아빠도 아니야, 나를 혼자 버려 두고 가 버렸어."

나태한은 서러운 마음에 바위에 기대어 한참 동안 훌쩍였다. 땀과 눈물로 범벅이 되어서 얼굴에는 거뭇거뭇 뗏국물이 흘렀다. 눈물이 시냇물처럼 두 볼을 타고 끊임없이 흘러내렸다.

바위에 기대어 한참을 울다 보니 한기가 느껴졌다. 햇볕은 따스했으나 바람이 제법 차가웠다. 찬 바람에 퍼뜩 정신이 들어 나태한은 주먹을 불끈 쥐었다.

'나태한, 침착해야 해. 침착!'

어린이를 위한 끈기

나태한은 주변을 둘러보고, 일단은 언덕으로 다시 기어올랐다. 발목이 아팠지만 일단 올라가야 한다는 생각이 들자 아픈 것도 잊었다.

'나태한, 바보처럼 울지 마. 그럼, 나태한! 할 수 있어. 로터리 산장으로 가면 되는 거야. 걱정하지 마.'

나 자신을 이기는 힘
끈기

11. 정상으로 오르는 길

나태한은 천왕봉 정상에서 꼭 해돋이를 보고 싶었다.
'여기까지 어떻게 왔는데, 꼭 올라가서 볼 거야. 끝까지 가 보겠어!'

    나태한은 언덕에 앉아서 발목을 살폈다. 발목이 화끈거렸지만 그런 대로 걸을 만했다. 절룩거리며 한 걸음씩 사람들에게 길을 물어 가며 아빠의 뒤를 쫓아 로터리 산장으로 향했다. 점점 산세가 힘해져서 몇 번이나 주저앉았다. 도로 내려가고 싶은 마음이 굴뚝같았으나 오기가 발동해서 이를 악물고 다시 일어났다.
    저녁마다 붕어빵을 데리고 달리기를 했던 기억을 떠올리며 스스로를 다독였다.

'헉헉, 조금만 힘내자, 나태한!'

때마침 알록달록 화려한 등산복을 입은 등산객이 휘파람을 불면서 지나가다 나태한을 보았다. 등산객은 목에 걸친 수건으로 이마에 송골송골 맺힌 땀을 닦으며 말을 걸었다.

"꼬마! 파이팅!"

나태한은 알은 체를 해주는 등산객이 너무나 고마웠다.

"너 혼자 왔니?"

나태한은 저도 모르게 고개를 끄덕였다.

'몰라, 날 두고 모두 가 버렸으니 혼자 온 거지 뭐.'

등산객은 나태한이 절룩거리는 모습을 보더니 걱정스런 얼굴로 물었다.

"애야, 발목을 접질린 거 같은데 괜찮니?"

그러더니 나태한을 세우고 발목을 만져 보았다.

"아!"

나태한이 아파하자 등산객은 나태한의 양말을 벗기고 발목을 살펴보았다.

"저런, 많이 부었네."

등산객은 배낭 속에서 파스와 붕대를 꺼냈다.

"우선 이렇게라도 하면 걷기 좀 편할 거야."

등산객은 파스를 붙여 주고 압박 붕대로 칭칭 감아 주었다. 그러고는 다시 양말을 신겨 주었다.

"기특하네. 산에 오를 생각도 하고, 가만 보니, 우리 아들 녀석하고 비슷하겠는걸. 몇 학년이니?"

"오 학년이요."

마음씨 좋아 보이는 등산객은 나태한의 머리를 연신 쓰다듬으며 칭찬을 했다.

"우리 아들 같으면 어림도 없다. 아저씨 아들은 얼마나 게으른지 아마 지금쯤 빈둥빈둥 방바닥하고 친구하고 있을걸. 먹는 거나 밝히고 게임이나 하면서 말야."

나태한은 등산객이 하는 말이 꼭 자기 자신한테 하는 말 같아서 얼굴이 붉어졌다. '저도 그런 앤데요.'라는 말이 목구멍까지 차올랐다.

등산객이 나태한을 부축해 주면서 말했다.

"자, 이제 천천히 걸어도 될 거다. 앞으로 한 시간만 걸어가면 되니까, 천천히 가자. 아저씨가 도와줄게."

나태한은 마음씨가 따뜻해 보이는 등산객이 마음에 들었다.

'칫, 우리 아빠보다 천배 백배 만배 좋다! 뭐야, 아들이 안 보이는데 찾으러 오지도 않고!'

그런데 한 시간이면 올라갈 수 있다는 로터리 산장은 생각보다 멀었다. 나태한의 발목이 생각했던 것보다 심하게 화끈거렸다.

나태한은 미안한 생각이 들어 등산객에게 말했다.

"저, 아저씨. 혼자 천천히 걸어갈게요. 이 길로 쭉 올라가면 되는 거죠?"

"괜찮아. 나도 산장까지 가야 하니까, 천천히 가지 뭐."

"정말 괜찮은데, 폐 끼치는 것 같아서……."

"허허, 녀석, 예의도 바르네. 안 돼. 이 넓은 산에서 길을 잃으면 어쩌려고."

나태한은 마음속으로 등산객이 정말 가 버리면 어쩌나 걱정했는데 다행이었다.

나태한은 온몸이 땀으로 흠뻑 젖기 시작했다. 점퍼는 벗어서 허리에 묶었다. 가파른 길을 오를 때는 등산객이 밑에서 받쳐 주어서 쉽게 오를 수가 있었다. 나태한은 등산객의 도움으로 드디어 로터리 산장에 도착했다.

"다 왔다!"

사람들이 하도 많아서 어디서 아빠를 찾아야 할지 몰랐다.

"저기 태한이다. 이 녀석아, 어디 갔다 이제 와."

정만수 원장이 나태한을 보자 호들갑스럽게 끌어안으며 말했다. 그러더니 등산객을 보고도 알은 체를 했다.

"수고했어!"

"선배, 꼬마가 아주 의젓하던걸!"

나태한이 눈을 동그랗게 뜨고 정만수 원장과 등산객을 번갈아 보았다.

"서로 아는 사이예요?"

그러자 정만수 원장이 껄껄 웃으며 말했다.

"우리 친목계에 신입 회원. 실은 내 대학 동아리 후배야. 놀랐니?"

정만수 원장과 후배는 기분 좋게 웃으며 산장을 둘러보러 나갔다.

나태한은 아빠를 찾으며 산장을 둘러보았다. 그러나 아빠가 보이지 않았다. 나태한은 정만수 원장을 쫓아가 물었다.

"아저씨, 아빠는요?"

"참, 그 양반 그새를 못 참고……."

그러면서 핸드폰을 꺼내 버튼을 꾹 눌렀다. 그러나 깊은 산속이라 아빠와 통화가 되지 않았다.

"너 찾으러 내려갔는데 못 만났니? 내가 괜찮다고 했는데 나를 못 믿고……."

나태한은 자신을 버려 두고 가 버린 아빠를 생각하자 아직도 화가 풀리지 않았다.

'흥, 찾아 헤매든가 말든가!'

시간이 좀 흘러 제법 날이 어둑어둑해지고 있는데도 아빠가 돌아오지 않았다. 나태한은 서서히 아빠 걱정이 되었다.

'뭐야, 아들한테 걱정이나 시키고. 무슨 아빠가 그래?'

나태한은 발을 동동 구르며 아빠를 기다렸다. 정만수 원장도 걱정하기 시작했다.

"참나, 연락이 되어야 말이지……."

때마침 물에 젖은 솜처럼 무거운 몸을 이끌고 아빠가 나타났다. 아빠는 나태한을 보더니 이내 화를 냈다.

"나태한, 너 이 녀석 어디……."

"아빠……!"

나태한은 아빠를 보자 저도 모르게 울먹였다. 그러면서도 고개를 외로 돌린 채 아빠의 얼굴을 쳐다보지 않았다.

'칫, 누가 화를 내야 하는 건데.'

중산리에서 사온 도시락과 컵라면을 산장에서 먹었다. 나태한은 낮에 산속에서 헤매서 그런지 배가 평소보다 더 고파 밥맛이 꿀맛 같았다. 점심에 먹다 남긴 반찬까지 떠오를 정도로 입맛이 좋았다.

정만수 원장은 게걸스럽게 먹어대는 나태한을 보고 껄껄 웃었다. 아빠는 무안했는지 급하게 먹는 나태한에게 퉁을 놓았다.

"천천히 먹어. 체해."

나태한은 밥을 다 먹고 소화도 시킬 겸, 산장 밖으로 나갔다.

유난히 맑은 밤하늘에 별들이 총총 빛났다. 아빠랑 정만수 원장은 벌써 나와서 커피를 마시면서 두런두런 이야기를 나누고 있었다. 나태한이 뒤쪽으로 살금살금 다가가 보았다.

"그러게 나를 믿으라니까 그새를 못 참고. 내가 후배한테 부탁해 놨다니까."

"그래도 겁이 나서 원. 이 넓은 산속에서 길 잃고 헤매면 어쩌나 걱정이 되어서 죽는 줄 알았어."

"어때? 기특하지? 내 방법이 효과가 있었지?"

"허허, 그러게. 혼자서 그것도 다친 다리를 이끌고 올라왔다니

놀랐어. 그 녀석 분명히 도로 내려갔을 거라고 생각해서 중산리까지 내려갔다 왔는데."

정만수 원장이 아빠의 어깨를 다독였다.

"휴, 난 자네가 부러워. 나도 언제까지 기러기 아빠 노릇을 해야 할지. 얼른 가족들이랑 합쳐야 할 텐데. 나도 아들 녀석 옆에 두고 이것저것 가르치면 얼마나 좋아."

정만수 원장의 한숨 소리가 유난히 크게 들렸다.

"아무튼 고마워. 처음엔 강아지 키우는 건 말도 안 된다고 생각했는데, 강아지를 키운 덕에 이제 제법 힘든 일도 끝까지 해내는 것 같아."

"허허, 그러게 정말 기특하지. 내가 가끔 그 녀석 홈페이지에 들어가서 읽어 보고 하는데 아주 많이 컸어. 붕어빵 키우면서 어려움도 견뎌 낼 줄 알고, 아주 기특해. 우리의 마법이 제대로 통했네!"

아빠와 정만수 원장의 웃음소리가 지리산에 울려 퍼졌다.

나태한은 아빠가 자신을 찾아 중산리까지 내려갔다는 것을 알게 되자 가슴속에 뭉쳐 있던 응어리가 풀리는 기분이었다. 게다가 정만수 원장이 자신의 홈페이지에 방문하고 있는지는 몰랐다.

'혹시, 아저씨가 아지사랑 님?'

어린이를 위한 끈기

그러고 보니 나태한은 아지사랑 님이 자신에 대해 잘 알고 있는 것 같은 느낌이었다.

나태한은 서둘러 산장 안으로 들어와 잠을 청했다. 아빠가 새벽,네 시에 천왕봉으로 출발한다고 일찍 자 두라고 했다.

새벽 세 시에 아빠가 나태한을 흔들어 깨웠다.

"나태한, 더 잘래? 발목도 불편한데 그냥 있어라."

"아니야, 나도 갈래. 어제 파스 붙였더니 좀 나아졌어."

그러면서 발목을 이리저리 비틀어보았다. 조금 욱신거리기는 했지만 참을 만했다. 나태한은 혼자서 산장에 머물고 싶지 않은 데다 천왕봉 정상에서 꼭 해돋이를 보고 싶었다.

'여기까지 어떻게 왔는데, 꼭 올라가서 볼 거야. 근데 나태한 너 제법이다, 끝까지 가 보시겠다고? 갑자기 이렇게 변해도 되는 거야?'

나태한은 제가 생각해 놓고도 피식, 웃음이 났다.

새벽 세 시, 온몸이 얼어붙을 것 같은 강풍이 불었다. 찬바람에 어둠까지 겹쳐서 더 무서웠다. 아무것도 보이지 않는 산길을 손전등 하나에 의지하고 움직여야 했다. 아빠가 어디서 구했는지 밧줄을 가지고 와서 나태한과 자신의 허리를 이었다.

"나태한, 아빠 잘 따라와."

찬바람은 조그만 구멍이라도 있으면 어디든 파고들었다. 나태한의 옷소매며, 목덜미로 파고들어 등골을 서늘하게 했다. 나태한은 모자를 꾹 눌러쓰고 허리를 맨 밧줄을 꼭 잡고 걸었다. 밧줄이 끊어지면 아빠와 이어진 줄도 끊어지는 것이다. 칠흑같이 어두운 지리산 한복판에서 미아가 될지도 모르는 것이었다.

천천히 더듬더듬 아빠의 발자국을 따라 올라갔다. 아무것도 보이지 않고, 오로지 사람들 숨소리와 발자국 소리만 들려올 뿐이었다.

한참 걸어 올라가는데 나태한의 호흡이 가빠졌다. 아빠의 호흡도 가빠졌다. 갑자기 아빠가 거칠게 숨을 쉬더니 주저앉았다. 나태한이 아빠에게 제안했다.

"아빠, 조금 쉬었다 가자. 힘들어서 못 가겠다."

"그래, 나도 못 올라가겠다. 쉬자."

그때 정만수 원장이 두 사람에게 손전등을 비추면서 닦달을 했다.

"안 돼. 이렇게 쳐져 있다간 해 뜨는 거 못 봐!"

아빠도 나태한도 어느새 일어나서 정만수 원장을 따라 걷고 있었다.

천왕봉 오르는 길은 무조건 오르막은 아니었다. 내리막길인가 싶더니 다시 오르막길이 나오고 다시 내리막길이 나오고 또 다시 오르막길이 나왔다.

나태한은 오르막길보다 내리막길이 더 힘들었다. 숨쉬기는 내리막이 더 편해졌지만 다리가 후들거려서 발목에 힘이 많이 필요했다.

"아저씨, 산을 올라가는 길에 왜 내리막길이 있을까요?"

나태한은 갑자기 궁금해졌다.

그러자 정만수 원장이 잠시 가던 걸음을 멈추고는 호흡을 가르며 진지하게 말을 꺼냈다.

"음, 그게, 내리막은 더 잘 오르기 위해 견뎌 내야 하는 과정이 아닐까? 정상에 오르기 위해서는 내리막이 나왔다고 해서 포기해서는 안 되는 것이지. 그 다음에 오르막길이 나오고 그렇게 정상까지 연결되는 것이니까 말이야."

나태한은 정만수 원장이 하는 말이 무엇을 뜻하는지 생각하면서 걸었다.

'그래, 무슨 소린지 잘 모르겠지만 힘든 과정을 이겨 내면 좋은

게 있다는 뭐 그런 거 아니야, 한 마디로 힘든 일을 끈기 있게 견뎌 내면 정상에 오를 수 있다 이거지, 나태한, 너 참 똑똑하다!'

나태한은 스스로를 대견하게 생각하며 천천히 천왕봉을 향해 걸었다.

드디어 산 정상 천왕봉에 올랐다. 천왕봉, 하늘 아래 최고봉이라는 정상석에는 이미 많은 사람들이 와글와글 모여 있었다.

도착 시간은 여섯 시 사십 분, 일출 시간이 삼십 분 정도 남아 있었다. 땀을 흘리며 올라왔더니 차가운 바람이 오히려 시원하게 느껴졌다. 그러나 이내 땀이 식고 온몸에 한기가 돌기 시작했다. 이가 서로 딱딱딱 소리를 내며 부딪치고, 온몸이 부들부들 떨렸다.

정만수 원장이 배낭에서 보온병을 꺼내 코코아를 타 주었다. 나태한은 좋아서 환호성을 질렀다.

"아, 코코아다!"

"아저씨도 달짝지근한 요 코코아가 아주 좋단 말이지."

정만수 원장은 나태한에게는 코코아를, 아빠에게는 커피를 타 주었다. 차가운 새벽 바람과 따뜻한 코코아가 절묘하게 어우러졌다.

드디어 붉은 해가 서서히 솟기 시작했다. 구름 한 점 없이 깨끗한 십일 월의 쾌청한 날씨 덕분에 해돋이를 볼 수 있었다. 조금이

어린이를 위한 끈기

라도 구름이 낀 날에는 깨끗한 해돋이를 볼 수 없었다.

산 전체가 붉은 기운에 휘감기는가 싶더니, 손톱만큼 작은 해가 산등성이 어디선가 불쑥 솟아올랐다. 해 주변에 일렁거리던 붉은 기운까지 싹 빨아 당길 듯 쑥 하고.

'와, 정말 멋지다. 숨을 못 쉬겠어. 와, 해가 어디 숨어 있다가 슝 하고 올라온 거야?'

나태한은 입을 다물지 못했다. 아빠도 가슴이 뛰는지 넋을 잃고 해돋이 감상에 빠져 있었다. 정만수 원장도 연신 아름다운 모습을 카메라에 담더니, 해돋이에 빠진 나태한 부자의 모습도 카메라에 담았다.

'평생 잊지 못할 것 같아.'

나태한은 해돋이 장면을 가슴에 간직하겠다고 다짐했다.

나태한은 아빠를 따라 장터목 산장에 내려와 간단하게 늦은 아침밥을 먹고 중산리로 내려와 잠깐 쉬기로 했다. 아빠가 잠깐 휴식을 취하는 동안 나태한 어깨를 툭 치면서 말을 흘리듯 내뱉었다.

"솔직히 너한테 놀랐다!"

아빠가 머쓱하게 다시 말을 이었다.

"아빠도 많이 게으른데, 게으른 너를 보면 속상했어. 꼭 나를 보는 것 같아서 말야. 나를 닮으면 안 되는데 안 되는데 하고 걱정이 되긴 했지만 어쩌겠냐, 생긴 대로 살지 싶었지 뭐. 참, 네 이름 나태한이 얼마나 좋은 뜻인지 모르지? 네 할아버지가 지어 주신 거란다. 클 태 자에 한국 할 때 한 자. 나라를 크게 만들 이름이지. 앞으로는 이름 값 좀 기대해도 되겠네."

아빠가 흐뭇한 미소를 지으며 나태한 손을 잡았다.

나태한은 버스에 오르자마자 스르르 눈이 감겼다. 얼마나 고단했는지 서울에 도착해서 아빠가 흔들어 깨울 때까지 곯아떨어지고 말았다.

빵이 형아의 홈페이지

붕어빵 명견 만들기 대작전 (45일째) 오늘의 기분 · 뿌듯 😊

이 주의 목표   붕어빵에게 칭찬을 많이 해주자!
이번 주의 훈련 내용   빵이가 화장실에서 똥오줌을 누면 칭찬해 준다.
                     빵이가 밥상에 기어오르지 않으면 칭찬해 준다.

님들, 저 지리산에 올라가서 해가 뜨는 걸 보고 왔답니다. ^^v
아빠랑 동물 병원 아저씨가 절 다시 봤다면서 칭찬을 많이 해주셨답니다.
태어나서 그렇게 뿌듯하기는 처음이에요.
생각해 보니 빵이도 그동안 훈련이 힘들었을 텐데
말도 못하고 참 답답했을 것 같아요.
우리 빵이도 오늘부터 칭찬 많이 해주려고요.
빵이야, 형아가 얼마나 사랑하는지 알지? 알라뷰~~!

💬 댓글 N   🔗 엮인글

⬆ **아지사랑**   와, 빵이 형아 님, 진짜 멋져요! 결국 지리산 등반을 해내다니! 님의 끈기에 정말 감동했습니다.
                 포기하고 싶었을 텐데, 정말 잘 이겨 냈군요. 자신과의 싸움에서 이겨 낸 것을 축하합니다!

⬆ **빵이 형아**   아, 부끄부끄~~ 다 아지사랑 님이 격려해주신 덕분이어용.
                 아지사랑 님은 어떻게 제 마음을 그렇게 잘 아세요? 힘이 들 땐 정말 꼼짝도 하기 싫었어요.

나 자신을 이기는 힘
끈기

12. 가장 소중한 비밀

나태한은 그 비밀이 무엇인지 알 수가 없었다.
'귀찮은 것을 참으면서 기다리고 포기하지 않은 것밖에 없는데…….'

"자, 다음 달에 학예회 있는 거 알지? 각자 무엇을 할지 정해서 반장한테 알리도록 해. 학부모님들도 초대할 거야. 그러니까 열심히 준비해. 알았지!"

나태한은 학예회라는 말에 귀가 번쩍 뜨여 손을 들었다.

"선생님, 강아지 쇼 해도 돼요?"

"강아지 쇼? 그럼 강아지를 학교에 데려오겠다고?"

"네, 꼭 하고 싶어요."

"글쎄. 일단 다른 선생님들과 상의해 보고 이따 종례 시간에 알려 줄게."

그때 마침 경솔해가 뒤를 돌아보더니 얄밉게 물었다.

"똥개도 훈련이 되니?"

"너 자꾸……."

나태한은 경솔해에게 한바탕 쏘아주려다 말았다.

'대꾸하면 내 입만 아프지. 우리 붕어빵이 똥개가 아니란 걸 직접 보여 주면 될 거 아냐.'

나태한은 선생님의 답변을 듣고 싶어 종례 시간이 오기만을 기다렸다. 하루가 길게 느껴졌다. 드디어 종례 시간, 선생님은 나태한이 기다린 보람을 느끼게 해주는 반가운 소식을 알렸다.

"교장 선생님도 허락해 주시고, 다른 선생님들도 좋다고 하셨어. 대신 소란스럽게 하면 당장 퇴장인 거 알지?"

"네!"

나태한은 신이 나서 환호성을 질렀다. 그러고는 종례가 끝나자마자 달려 나갔다. 그러자 성의택이 쫓아 나와 나태한의 윗옷을 잡아당겼다.

"야야, 내 생각에는 말야. 이왕 강아지 쇼를 하려면 한 마리보다는 두 마리, 두 마리보다는 세 마리가 더 재밌지 않겠냐? 그러니까, 경솔해에게 강아지 쇼를 같이 하자고 하면 어떻겠냐, 재밌지 않겠냐?"

"뭐? 너는 왜 자꾸 경솔해랑 나를 연결하냐? 내가 미쳤니, 그 왕재수랑 강아지쇼를 하게?"

"녀석, 발끈하긴. 그렇게까지 화낼 필요가 뭐 있냐!"

"몰라. 나 붕어빵 훈련시켜야 돼!"

나태한은 성의택의 어깨동무를 뿌리치고 집으로 향했다. 자꾸만 성의택이 장난삼아 던진 말이 떠올랐다.

'경솔해랑 강아지 쇼를 함께? 어우, 말도 안돼!'

나태한은 고개를 절레절레 흔들었다.

나태한은 학예회 준비를 완벽하게 하고 싶어 엄마에게 영어 학원과 수학 과외를 한 달만 빼달라고 했다. 경솔해에게 붕어빵이 똥개가 아니라는 것을 알리고 싶었고, 성의택 엄마처럼 자신을 한심하게 여기는 사람들에게 뭔가를 보여 주고 싶었다.

"좋아. 아들, 믿을게. 대신 학예회 끝나면 공부 더 열심히 하는 거다. 알았지?"

나태한은 기분이 좋아 싱긋 웃었다. 엄마가 쉽게 허락해 준 것은 수학 선생님 덕분이기도 했다. 나태한이 수학 선생님과 약속한 매일 다섯 문제 풀기를 꾸준히 지키고 있었기 때문이다. 그보다 먼저 엄마를 감동시킨 것은 지리산 정상에서 찍은 사진이었다. 지리산 정상에서 해돋이를 배경으로 나태한과 아빠가 함께 찍은 사진은 엄마를 눈물짓게 했다.

나태한은 본격적으로 붕어빵 훈련을 시작했다. 그동안 조금씩 훈련을 시키긴 했지만 강아지 쇼를 위해서는 어림도 없었다.

"자, 붕어빵. 내일부터는 동네 공원으로 출동할 거야. 오늘은 첫날이니까 거실에서 한다. 자, 일어나!"

그러나 붕어빵은 엎드린 채 눈만 씀벅거릴 뿐이었다.

"다시 한다. 붕어빵, 일어나!"

나태한이 간식을 내밀자 그제야 꼬리를 약간 흔들더니 몸을 찬찬히 일으켰다.

"야, 너무 느리잖아. 좀 더 빨리!"

그러면서 나태한은 간식을 되도록 멀리 던졌다. 그러자 붕어빵이 쪼르르 달려가 간식을 덥석 물었다.

"야, 붕어빵! 먹을 거에 너무 약한 거 아니야?"

그러면서도 나태한은 신이 나서 까르르 웃어 댔다.

"자 이번에는 손 줘! 손 주면 이거 줄게."

나태한이 먹을 것을 보여 주면서 붕어빵에게 손을 내밀었다. 붕어빵은 먹을 것만 애처롭게 쳐다보았다. 어서 먹을 것을 달라는 애달픈 눈동자. 순간 나태한은 그 모습이 안타까워 먹을 것을 주었다.

'그래, 욕심을 버리고 한 가지씩 차근차근 가르치는 거야.'

나태한은 단단히 마음을 먹었지만 붕어빵이 잘할 수 있을지 걱정이 되었다. 그래도 주먹을 꽉 쥐고 용기를 냈다.

'그래, 강아지 쇼에서 중요한 것은 강아지와 리드하는 사람의 호흡이라고 했어. 그러니까 붕어빵하고 나하고 얼마나 호흡이 잘 맞는지가 중요한 거야.'

다음 날부터 나태한은 붕어빵을 데리고 동네 공원으로 나갔다. 지리 산행을 준비할 때 붕어빵과 호흡을 맞춰 공원을 뛰던 생각이 났다. 저녁에 하던 운동을 아침으로 시간을 바꾸면서 게으름을 피우던 붕어빵이 제법 부지런해지고 빨라졌다.

날씨가 몹시 쌀쌀했지만 열심히 뛰어다녔더니 추운 줄도 몰랐다. 입김이 설설 나와도 붕어빵이랑 공원을 뛰다 보면 어느새 몸에서 열이 펄펄 났다. 나태한은 붕어빵이 명령대로 잘 따라하면 간식을 주는 일도 잊지 않았다. 하지만 너무 많이 먹어서 붕어빵이 돼지가 될까 봐 아주 조금씩 나누어 주었다.

드디어 학예회 날이 다가왔다. 강당 앞은 온통 축제 분위기였다. 나태한은 강당 앞에서 경솔해를 기다렸다. 경솔해가 어이없게도 학예회 이틀 전에 강아지 쇼를 함께 하자고 해서 나태한을 황당하게 만들더니 공원에서 연습하기로 한 약속도 어기고 말았다.

"나태한, 어제는 미안했어. 갑자기 집안에 일이 있어서. 내일 강당 앞에서 보자. 우리 짱이는 연습 안 해도 잘할 거야. 워낙 훈련이 잘된 강아지라서."

경솔해는 다음 날 학교에서 아무 일 없다는 듯 말했다.

'어이가 없군. 에잇, 괜히 같이 한다고 했어.'

나태한은 잔뜩 인상을 구긴 채 강당 앞에서 경솔해를 기다리면서 후회했다.

한참 뒤에 경솔해가 나타났다. 경솔해의 품에 안긴 짱이는 윤이 반질반질 나는 길고 하얀 털을 곱게 빗어 넘긴 개였다. 애지중지 돌본 흔적이 역력했다. 거기에 비하니 붕어빵의 외모가 조금

초라해 보였다.

나태한은 일부러 붕어빵을 힘껏 안으면서 강당 안으로 들어갔다.

나태한은 실수라도 할까 봐 마음이 조마조마했다. 나태한은 경솔해에게 조그맣게 속삭였다.

"내가 먼저 리드할게. 따라와."

"싫어. 네가 뭔데? 내가 먼저 할 거야. 우리 짱이가 동작을 끝내면 바로 따라해."

나태한은 잘난척하는 경솔해 때문에 짜증이 났지만 대꾸하지 않았다.

"여러분, 이번에는 아주 특별한 순서랍니다. 강아지와 주인이 하나 되는 순서죠. 오 학년 삼 반 경솔해 양과 나태한 군이 강아지 쇼를 보여 주겠답니다. 모두 기대해 볼까요? 자, 박수로 맞이해 주세요."

사회를 맡은 육 학년 학생이 나태한과 경솔해를 소개했다. 나태한은 미리 사회자에게 부탁해서 의자 몇 개를 일렬로 늘어놓고 작은 그릇은 뒤집어 놓았다.

경솔해와 나태한이 각자 강아지 목줄을 쥐고 무대에서 인사를 했다. 아이들이 휘파람을 불고 박수치면서 환호하자 나태한은 가슴이 두근거렸다.

경솔해가 짱이의 목줄을 쥐고 무대를 한 바퀴 돌기 시작했다. 그런데 어느 순간 짱이가 달리는 속도가 빨라지더니 급기야 쫓아가던 경솔해가 넘어지고 말았다.

아이들이 와르르 웃어 대자 경솔해는 발갛게 상기된 얼굴로 벌떡 일어났다.

이번에는 나태한이 붕어빵을 데리고 무대를 한 바퀴 돌았다. 나태한은 붕어빵의 목줄을 쥐고 공원에서 뛰는 것처럼 호흡을 맞췄다. 나태한이 휘파람을 불자 붕어빵이 작은 그릇들을 폴짝폴짝 사뿐히 뛰어넘었다. 나태한과 붕어빵은 환상의 호흡이었다.

경솔해의 얼굴이 굳어지기 시작했다. 경솔해는 짱이를 의자로 오르게 하더니 손가락을 한 바퀴 돌리는 시늉을 했다. 그러자 짱이가 공중회전을 했다. 그러나 짱이는 쿵, 소리를 내면서 떨어지더니 "깨갱!" 하고 외마디 비명을 지르며 벌떡 일어났다.

아이들이 격려의 박수를 쳐 주었지만 경솔해는 얼굴이 붉으락푸르락 변하고 말았다.

다시 붕어빵의 차례!

가장 소중한 비밀

나태한은 붕어빵이 할 수 있는 최고의 묘기를 하기로 했다.

"붕어빵, 얼음!"

붕어빵은 일어나려고 고개를 들다가 얼음, 소리를 들더니 고개만 반짝 든 채로 멈추었다.

"붕어빵, 땡!"

그제야 벌떡 일어나 나태한의 바지 자락에 매달렸다.

"와와! 한번 더!"

"한번 더!"

아이들이 환호를 지르며 열광하기 시작했다.

나태한은 붕어빵에게 "손 줘!"를 시킨 다음에 바로 "붕어빵, 얼음!"을 외쳤다. 그러자 붕어빵은 한쪽 앞발을 든 채로 멈추었다. 나태한이 "붕어빵, 땡!"을 외칠 때까지.

이번에는 붕어빵이 발랑 드러누운 상태에서 "붕어빵, 얼음!"을 외쳤다. 붕어빵이 드러누운 채로 꼼짝하지 않았다. 다시 나태한이 "붕어빵, 땡!"을 외치자 벌떡 일어나 꼬리를 마구 흔들었다.

붕어빵은 얼음 땡 덕분에 대인기를 얻었다. 아이들이 달려들어 서로 안아 보겠다고 아우성이었다.

나태한과 경솔해가 강당 밖으로 나가자 몇몇 아이들이 따라 나

어린이를 위한 끈기

왔다.

"자자, 조용! 다음 순서가 있는데 이러면 안 돼. 사회자 어서 다음 순서 진행시켜!"

그러자 진행을 맡은 선생님이 아이들을 야단치면서 다시 강당으로 들여보냈다.

때마침 담임선생님이 나태한과 경솔해를 보더니 반가운 얼굴로 말했다.

"얘들아, 아주 잘했어! 멋진 강아지 쇼였어. 참, 나태한 다시 봤어! 강아지 다루는 솜씨가 제법이던데. 나중에 프로 핸들러를 한번 해보면 어때? 잘 어울리겠는데!"

나태한이 자세히 물어보려는데 경솔해가 울먹이면서 뛰어나갔다. 엉겁결에 나태한은 경솔해를 따라나갔다.

"왜 따라와? 저리 가! 잘난 척……"

"야, 잘난 척은 누가 하는데? 잘난 척하면 경솔해 아니야? 너처럼 잘난 애가 왜 울고 그래?"

"비꼬지 마."

"내가 왜 비꼬냐? 너 정말 잘났어. 난 네가 부럽다구. 뭐든지 똑 부러지게 잘하잖아."

 어린이를 위한 끈기

나태한은 진심에서 우러나온 말이었다.

"……."

"그래, 널 보면 얼마나 부러웠다고. 정말 너처럼 똑똑하게 태어나지 못해서 얼마나 속상한 적이 많았는데."

경솔해는 그제야 힘겹게 입을 열었다.

"솔직히 너한테 많이 놀랐어. 네가 강아지 훈련을 그렇게 잘 시킬 줄 몰랐어. 너 옛날하고 많이 바뀐 거 알아? 난 머리만 믿고 이번 수학 경시 대회도 대충 준비했어. 결국, 일등을 실애한테 내 주고 말았지, 또 우리 짱이도 똑똑하고 훈련이 잘 된 강아지니까, 집에서 가르친 대로만 하면 될 줄 알았어. 근데 이게 뭐야, 망신 망신 대망신!"

나태한은 괜스레 어깨가 으쓱해졌다.

"우리 육 학년 때는 진짜로 연습 많이 해서 강아지 쇼를 다시 할래?"

경솔해가 나태한에게 살짝 눈을 흘기면서 말했다.

"이제 우리 짱이도 얼음 땡 가르칠 거야."

"그래 난 또 다른 기술을 가르쳐야지!"

나태한이 붕어빵을 안고 강당으로 향하면서 턱짓으로 같이 들어가자고 신호를 보냈다. 경솔해가 눈물을 훔치고 짱이를 안은 채 나태한을 따라 강당 쪽으로 걸었다.

나태한이 갑자기 생각난 듯 물었다.

"근데, 너 혹시 프로 핸들러가 뭐하는 건 줄 아니?"

"그거! 강아지 쇼에서 강아지를 리드하는 사람을 말해. 유망 직업이야, 넌 좋겠다. 선생님한테 그런 칭찬도 듣고!"

경솔해한테 부러운 눈빛을 받은 나태한은 어깨가 또 한 번 으쓱해졌다.

"근데 나태한, 강아지 훈련하는 비결이 있으면 가르쳐 줘라."

경솔해가 어렵사리 말을 꺼냈다.

"비결? 강아지 훈련하는 데 비밀이 어디 있어?"

"야, 친구끼리 치사하게 그러지 말고 가르쳐 주라."

나태한은 비밀이 있다면 경솔해에게 알려 주고 싶은 생각이 들었다. 그렇지만 나태한은 아무리 생각해도 경솔해가 얘기해달라는 그 비밀이 무엇인지 알 수가 없었다.

'귀찮은 것을 참으면서 기다리고 포기하지 않은 것밖에 없는데……'

나태한은 그 생각을 하며 붕어빵을 끌어안고 활짝 웃었다.

 어린이를 위한 끈기

빵이 형아의 홈페이지

붕어빵은 명견! 오늘의 기분 · 끈기 성공 😊

님들, 오늘 학예회에서 붕어빵이 당당히 강아지 쇼에 나갔습니다.
'멈춰!' '손 줘!'는 물론이고 '얼음 땡!'까지 해냈답니다.
이제 붕어빵은 누가 봐도 명견 아닙니까? ^^ 뿌듯뿌듯~
6학년 때는 학예회에서 붕어빵이랑 훌라우프 넘기도 해볼까 합니다.
우리 빵이 정도라면 문제 없지요. 물론 피나는 연습을 해야겠지만! ㅋㅋㅋ
잘할 수 있어요!
피나는 연습이요? 귀찮은 마음이 생길 때 조금 참고,
포기하고 싶을 때 조금 더 하면 된다고요.
그만 두라고 유혹하는 나 자신을 이겨 내는 힘만 있으면 되요.
대단한 능력은 필요 없다고요!
내년에는 다들 구경 오세요!
아~셨~죠?

덧글 N   엮인글

🐾 아지사랑   빵이 형아 님, 그럼 내년에는 절 만날 수 있겠네요? 그럼 제가 누군지 알 수 있겠지요?

🐾 빵이 형아   아지사랑 님, 너무 궁금해요. 제가 아는 분이 맞죠?

🐾 아지사랑   글쎄요~~ 흠흠. 끈기를 가지고 맞혀 보세요. ㅋㅋㅋ

작가의 글 ★

끈기는
자신의 소망을 이루어주는 힘

어린 시절을 떠올려 보면, 조금만 힘들고 지루해도 "하기 싫어!" 하고 투정을 부리던 나의 모습이 떠오릅니다. 지금도 그 모습이 남아 있어 때로 부끄러움을 느낍니다. 이 글의 주인공 나태한은 바로 게으르고 참을성 없는 나의 모습이지요.

그런데 이 글을 쓰면서 이상한 힘이 생기기 시작했어요. 나태한이 붕어빵을 통해 스스로를 이겨 내는 힘을 갖게 된 것처럼, 나 또한 나태한을 통해 그 힘을 갖게 된 것입니다. 나태한이 붕어빵을 사랑하는 마음은 처음부터 끝까지 변함이 없습니다. 그렇게 붕어빵에게 몰입하는 힘이 내게도 전염되기 시작한 것이지요.

얼마 전 모 방송에서 몰입이 얼마나 대단한 힘을 발산하는지에 대한 실험 다큐멘터리를 보았습니다. 중학생 열 명에게 한 번도 배우지 않은 수학 문제를 풀게 했습니다. 아무 도움 없이 학생들의 몰입을 통해 스스로 문제를 풀게 했는데, 그 결과는 어떻게 되었을까요?

놀랍게도 열 명의 학생 모두가 한 번도 배워 보지 않은 그 문제를 풀었습니다. 누가 조금 빨리 푸느냐 늦게 푸느냐 차이만 있을 뿐이었지요. 몰입이 초인적인 힘을 발휘한 것이지요.

몰입은 끈기가 없으면 안 되는 일입니다. 무엇인가를 위해 끈질기게 연구하고 생각하면 안 되는 일이 없습니다. 결국, 끈기를 가지고 몰입한다면 자기가 소망하는 바람을 이룰 수 있다는 것입니다.

나태한의 경우도 한번 보세요. 숙제도 안 해가고, 학원도 일주일도 못 돼서 그만 두고, 수학 문제 푸는 것도 힘들어 하던 나태한이 붕어빵을 키우기 위해 이 모든 것을 다 이겨 내지요. 거기다가 뚱뚱한 몸을 단련시켜 지리산 정상까지 오르잖아요. 처음에는 붕어빵을 키우고 싶어 시작했던 일들이 점점 나태한에게 자신감을 심어 주고 목표를 끝까지 이룰 수 있는 힘을 주었어요.

끈기 있게 마음을 모으고 열정을 모아 보세요.

여러분 마음속에 숨어 있는 간절한 소망이 하나씩 이루어질 거예요.

나태한과 닮은꼴 친구
지은이 김경민

어린이 자기계발동화 03
어린이를 위한 끈기

초판 1쇄 발행 2007년 7월 25일 초판 51쇄 발행 2022년 4월 13일

글 김경민 그림 추덕영
펴낸이 이승현

기획 스토리로직
편집3 본부장 최순영
교양 학습 팀장 김솔미 편집 전지선
키즈 디자인 팀장 이수현 디자인 전성연, 고은이

펴낸곳 ㈜위즈덤하우스 출판등록 2000년 5월 23일 제13-1071호
주소 서울특별시 마포구 양화로 19 합정오피스빌딩 17층
전화 02)2179-5600
홈페이지 www.wisdomhouse.co.kr 전자우편 kids@wisdomhouse.co.kr

ⓒ김경민·스토리로직·추덕영, 2007
ISBN 978-89-6086-038-4 74800
ISBN 978-89-6086-081-0 (세트)

* 이 책의 전부 또는 일부 내용을 재사용하려면 반드시 사전에 저작권자와
  ㈜위즈덤하우스의 동의를 받아야 합니다.
* 인쇄·제작 및 유통상의 파본 도서는 구입하신 서점에서 바꿔드립니다.
* 책값은 뒤표지에 있습니다.
* 이 책의 사용 연령은 8~13세입니다.